허튼소리

2

걸레스님 중광 / 저

서음미디어

重光에겐 식탁이 따로 없다. 어데서든지 먹고 싶으면 먹는다.
뉴욕거리에서 빵을 먹고 있는 모습(趙永姬 作)

판 화(1983年)

힘(1981年)

좆을 머리에 이고 세상을 보는 達磨 (金泰善所藏)

重光씀(1979年)

童　心(1983年)

童　心(1983年)

無　塵69×56cm(1980年. 金宗圭所藏)

具 常형님과 重光. 마음과 마음을 읽으며(金泰善 作)

雲甫 金基昶 畵聖을 심방하고 (金泰善 作)

無 題(1983年. 미화랑 이난영所藏)

연꽃 (1983年 서음출판 소장)

뉴욕에서 重光과 金泰善作家(농 우 作)

인도 국립박물관에서(金泰善作)

無 題(1980年．重光所藏)

임숙, 그녀는 내 배위로 올라타기를 좋아했다.
(雲甫 金基昶화백 所藏)

女人像64×33.5cm(1980年)

言前消息（1980年）

童 心(1978年)

童　心（1980年）

童 心(묵화. 1982年)　　　　　　　　　　　　　　　꽃(판화. 1983年)

兀兀 (現代詩學表紙. 詩人 全鳳健所藏)

인도 어린이와 함께 글을 쓰고 있는 重光(金泰善 作)

티벳 불교 비구니 누님들을 모시고(金泰善 作)

인도 각설이 큰누님과 사랑을 속삭이고(金泰善 作)

인도 델리 옛시장에서 미니치마에 아랍모건을
쓰고 쇼핑을 하고 있는 重光(金泰善 作)

인도에서 최특급 애인과 만나 하룻밤을(金泰善 作)

두 걸레가 밀담을 나누고 있다. 오늘저녁은 어데서 얻어먹나?(金泰善 作)

重光에겐 잠자리가 따로 없다(인도에서 金泰善 作)

인도 갠지즈강가에서 병든 牛公님께 극락발원 염불하는 重光(金泰善 作)

童心像（1983年． 具 常所藏）

샌프란시스코 하얏트 호텔 롱갤러리에서 詩낭송하고
있는 重光(일본 시하지아지로 作)

수님이 십자가를 지고 지나간 그 길을 따라서(예루살렘에서 金泰善 作)

티벳 불교 승려와 함께 앉아있는 重光(金泰善 作)

인도 갠지스강을 축복하며 꽃을 띄우고 있다(金泰善 作)

저자의 변

나는 사기를 한탕 쳐야 하겠다. 달콤한 사기를. 세상이 어찌 돌아가는 건지 허튼소리도 좀 하고 미쳐보아야겠다.
반은 미친 듯, 반은 성한 듯이, 그래서 나는 허(虛)와 실(實)의 열매를 동시에 따먹으며 산다. 깊은 원시림 속에서.
내 무애철학(無碍哲學)과 그림, 시, 글씨를 이 세상에서 그리 알아주는 사람이 없다. 그러나 죽고 나면 극락과 천당, 지옥, 이승과 저승에 가면 반드시 걸레스님의 무애철학과 그림과 시, 글씨에 대해서 물어본다는 것이다. 잘 알면 극락과 천당, 지옥과 이승, 저승을 마음대로 다닐 수 있는 멀티풀 여권을 받을 수 있다고 했다. 내 책을 보지 못하면 당신의 인생은 헛산 것이 될 것이다. 죽고 나서 후회스러워 말아라. 내 책을 보는 법은 우선 때 묻은 옷을 홀랑 벗어버려야 한다. 그렇다고 팬티 속옷까지 벗으란 말은 아니다. 마음을 텅텅 비워 두고, 아니면 완전히 옷을 입고 아침 창구멍에 햇살이 들어올 수 있는 작은 구멍만큼이라도 열어놓고 보아라. 아니면 책을 앞에 놓고 눈을 완전히 감고 보던지.
나는 욕을 못 들으면 엉덩이가 간질간질해진다. 독자 성자(聖者)님들이여, 나에게 욕도 소포로 싸서 잘 보내주시고.
나는 이 원고를 팔아서 돈이 나오면 펄쩍 펄쩍 뛰쳐나가려고 벌써부터 안달이다. 바다 원담 속에 숭어가 뛰듯 말이다.

첫째 원고료가 나오면 포장마차 집에 가서 소주 한잔하고 시 한수 읊고 나서 2차로 공주님 계신 기생집을 찾아 갈 것이다. 여러분들의 용서를 바란다.

나는 두 번 다시 태어난다는 보장이 없다. 다른 사람보다 더 부지런히 열배를 살아야 하겠다. 공부도 열배를 하고 따라서 사기를 한탕 치지 않을 수가 없다. 사기를 치지 않으면 이 세상을 살맛도 없다.

독자 聖者 여러분!

이 세상을 잘 헤엄쳐 가고 싶지 않습니까? 잘 헤엄쳐 가고 싶겠지요. 그 방법은 간단합니다. 지금은 말을 못하겠습니다. 너무 새벽이라서. 잘 사는 법의 답은 이 책 속에 깊이 잠들고 있습니다.

끝으로 미친 사람이지만 내 가슴 속에 지니고 다니는 좌우명이 하나 있습니다. 우리 민족에게 항시 발원하는 것입니다. 여러분, 무슨 말을 할 것 같습니까? 알아보십시오. 잠간... 천당과 극락 자리가 많이 있으니 차를 급히 달리지 마십시오.

일제 36년간의 피압박, 비참한 동족상잔 6.25동란, 근세사에 큰 암적 존재였던 3선개헌탕국, 이 모든 과거를 잊어버리면 또 다시 과거와 같은 비참한 형벌을 받는다. 3선개헌탕국을 마구 다 같이 먹은 죄, 4천만이 다 공범자들이다. 다 책임지고 각성하는 민족이 되어야 한다.

나는 모든 일에 적극적이다. 내 자랑을 내가 하지 않으면 누가 해주나. 자신은 자신만이 가장 잘 안다. 이 소리는 내 손으로 최루탄을 내 집에, 내 눈에 터뜨려서 눈물이 나 정신이 왔다갔다 하는 소리들이다.

용서바란다.

걸레 重光

허튼소리 2

걸레스님 중광/저

차례
허튼소리 2권

중광 글·그림 ——————————— 33
저자의 변 ———————————————— 35

1 나는 걸레

나는 걸레 ——————————————— 47
한라산에 와서 ———————————— 49
6월 ——————————————————— 50
나는 어디서 와서 어디로 가는가? —— 51
21세기는 말한다 —————————— 53
영가제사 ——————————————— 55
출 가 ————————————————— 57
입 산 ————————————————— 58
삭 발 ————————————————— 59
염 의 ————————————————— 60
수 계 ————————————————— 61
죄인의 노래 ————————————— 62
재입산 ———————————————— 63
설악산에 와서 ———————————— 64
토굴에서 ——————————————— 65
天眞佛 ———————————————— 68
그릇대로 가져 가라 ————————— 70
청동맥 ———————————————— 71
미친 사람 ——————————————— 72

다행이지 —————————————— 73
요렇게 잡아라 ————————————— 74
수좌의 멋 ——————————————— 76
미친 소리 ——————————————— 77
자기를 보라 ————————————— 78
彙城 자신은 세평 땅에 묻어 두고 ——— 79
기다리던 님은 ————————————— 80
392번호만 보이고 변명은 않을 테야 ——— 81
내가 사는 집은 여기에 있다 ————— 82
내가 죽거들랑 ————————————— 85
30원 ——————————————————— 86
어머님을 그리는 노래 ————————— 87
生과 死 —————————————————— 100
장욱진 도인 —————————————— 101
또 하나의 자랑할 말 ————————— 102
香嚴스님에게 ————————————— 107
金得九선수 영전에 —————————— 108
눈물겹도록 아름다운 마음 —————— 113

2 걸레스님의 수행일기

중광 수행일기 · 1 ——————————— 117
중광 수행일기 · 2 ——————————— 120
중광 수행일기 · 3 ——————————— 122
중광 수행일기 · 4 ——————————— 134
중광 수행일기 · 5 ——————————— 139
중광 수행일기 · 6 ——————————— 144
중광 수행일기 · 7 ——————————— 153
중광 수행일기 · 8 ——————————— 157

중광 수행일기 · 9 ——————— 159
중광 수행일기 · 10 —————— 160
중광 수행일기 · 11 —————— 171
중광 수행일기 · 12 —————— 173
중광 수행일기 · 13 —————— 184
중광 수행일기 · 14 —————— 187

3 걸레스님의 성지순례
예수님의 위대한 죽음 ——————— 191
인도는 기다리며 산다 ——————— 205
니콘 카메라 이름을 테이프로 가려 버리고 230
인도, 이스라엘 순례를 마치고 ————— 233

4 걸레스님과 만난 사람들
인연의 장 ———————————— 241
張旭鎭 道人과 나 ——————————— 267
하와이 동서문화센터 국제영화제에서 —— 275

5 걸레중광의 예술과 인간성
21세기의 기인 重光 —그 예술과 인간성(조영희)287

1
나는 걸레

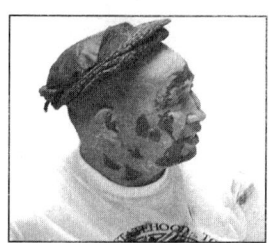

나는 걸레

나는 걸레
반은 미친 듯 반은 성한 듯
사는 게다

삼천대천세계는
산산히 부서지고

나는 참으로 고독해서
넘실 넘실 춤을 추는 거야

나는 걸레

남한강에 잉어가
싱싱하니

탁주 한통 싣고
배를 띄워라

별이랑, 달이랑, 고기랑

떼들이 모여 들어
별들은 노래를 부르오
달들은 장구를 치오
고기들은 칼을 들어
고기회를 만드오

나는 탁주 한잔 꺾고서
덩실 더덩실
신나게 춤을 추는 게다

나는 걸레

(1970)

한라산에 와서

푸른 바다를 방석으로
깔고 앉아
허공창을 활짝 열어놓고
세상 밖에 앉았어라
구름은 골에서 숨어 놀고
나는 하늘에서 無孔笛을 탄다
바다랑, 고기랑, 노루랑, 하늘 떼들이
모여들어
덩실 더덩실
어수생 깊은 골에
토담집 묻어 놓고
사람보다 더 착한 산짐승
데불고 살까
가는 세월, 오는 세월
다 묶어 불쏘시개 하고
초가집 돌담구멍, 구멍마다
삼다도 설화가 주렁 주렁
달린 포도덩굴
따먹으며 살련다.

6 월

말막대기 타고
눈두렁을 달리자
푸른코 석자 흘리며

개구리도 낭만의 옷
벗어던져 두고
가갸거겨 가갸거겨
6월의 經을 읽어라

강아지 멍, 멍, 멍
호박꽃에 반딧불
담아 들고
밤도깨비 번쩍 번쩍
별들도 잠자리를 펴는데

나는 귀만 남았어라.

나는 어디서 와서 어디로 가는가?

나는 사기를 한바탕 쳐야 하겠다
진실한 사기를...
때는 1935년 1월 4일
일본 대판에서 태어나려 할 때
석씨, 예씨, 공씨, 무씨, 여러 희대의
사기꾼들이 찾아왔다
석씨는 인연따라 종연생 종연멸하신다 하시고
예씨는 창조주 주님이 생명을 주고
거든다 하시고
공씨는 인내천, 인간이 하늘과 같이
거룩하고 귀하게 녹을 가지고
인간에서 태어났다 하시고
무씨는 이 말도 맞고 저 말도 맞고
틀린 것도 맞고, 맞은 것도 맞고
다 맞다고 하신다
나는 이 구역질나는 소리가 듣기 싫어서
어머니 사랑으로 태어났다가
어머니 사랑으로 들어가고 말았다
세상이 어찌 되어 가는 건지

좀 헛소리도 하고 미쳐 보아야 하겠다
내 현재 계획은 160세 정도 살기로
하루살이와 예약을 했다가 취소했다
여러분에게 죄송해서 백세 정도
살다가 죽은 그날에
틀림없이 태어나기로 했다

진리는 고등 사기꾼들이 토해낸 향기 찌꺼기
나는 야밤에 실컷 놀아난 열매 찌꺼기
내가 어디서 왔다 어디로 가긴가?
정신 나간 소리 작작해
아야 아야
生死가 끊어지는 숨가쁜 오르가즘의 소리
용궁 속에서 지구가 온통 꺼꾸러진다

임숙 나는 207번 사육)4 · 6)제
임숙 나는 207번 사육(4 · 6)제
임숙 나는 207번 사육(4 · 6)제

21세기는 말한다

무거운 옷을 몽땅 벗어 버려라
인류가 시작한 이래의 옷을…
사상의 빙산의 옷
언어의 교활의 옷
선악의 위선의 옷
문화의 착란의 옷
문명의 공포의 옷
종교의 둔갑의 옷
인간의 야만의 옷
인간들은 공해에 크게 병이 들어 죽어가고 있다
노예의 옷을 몽땅 벗어 불을 태워버려라

알몸으로 말을 타 뛰어라 달려라
실컷 야수가 되어라 미쳐라
들로 길로 산으로 어디든 좋다
끝이 있건 없건 들이 좁거든 산으로
땅이 좁거든 바다로
바다가 좁거든 하늘로 치솟아라
하늘이 좁거든 마음으로

마음, 마음, 마음
내가 참으로 살고 쉴 곳은 그 곳이니라
마음은 시작도 끝도 없이 항상 비어 채우려 해도
채울 그릇이 없나니 목숨을 바쳐 마음을 찾아라
한강은 백두산에 올라가 비수를 빼어들고
중공 땅을 내려치니 허공이 바스락 바스락
황해가 굽실굽실 기어든다.

영가제사

나는 가짜 중 땡땡이올시다
마을에서도 못살아 머리 깎고
절에서도 못살아 쫓겨나고
중도 소도 아닌 中陰神이 된
가짜 중 땡땡이올시다
대자대비한 부처님이시여!
나는 죄가 많아 파계승
부처님께 가사장삼을 받치고
중광은 사십구제를 올립니다
중광 영가야, 중광 영가야, 중광 영가야
너는 어찌된 물건이기에 이 체제에서
각설이 노름도 제대로 못하고
孤魂이 되었느냐
죽이면 죽, 밥이면 밥, 고기면 고기
술이면 술, 담배면 담배
여자면 여자 그대로 일체를 버리지 아니했건만
나는 파계승, 나는 파계승
갖지도 않고 버리지도 않았건만
넓은 공간에 창구멍 하나 그만큼 만들어 놓고

따뜻이 비쳐오는 빛을 몸에 받아가며
담장 밑에 앉아 속옷에 있는 이를 잡는다
뚝 뚝 뚝
발에 채이는 돌처럼 밟히는 쇠똥처럼
살아도 못살아 이십원짜리도 못된
나는 가짜 중 땡땡이올시다
중광 영가야.

출 가

죄는 무게가 있어
무거운 것이 아니외다
유명지간에 다짐을 받는 데서
내 죄가 한없이 무거웠던 것이외다

죄가 울어 운 것이 아니외다
피눈물의 참회가 내 죄에 나를 울린 것이외다

죄가 죄를 아니 짓겠다고
한 것이 아니외다
내가 있기에 다시는 내가 죄를
아니 짓겠다고 한 것이외다.

입 산

저 흘러가는 구름은
정한 길 없어도
천지간에 오락가락 하는데
이내심사 알아줄 이 없건만
저 흘러가는 구름은
인생을 나와 같이
살라고 말하며 가네
바다 천리 육로 5백리길
바람같이 통도사를 찾아드니
절벽이 가로 놓여도 굽히지 않으려는
그 큰 뜻을 누가 알리요.

삭 발

지금 시간은 1960년 6월 13일 19시
오늘 머리 깎기 위해
오욕칠정의 번뇌 속에
무상을 모르고 살아왔던가

아! 슬프다 내가 그린 인생이여
비극이 슬픔에서 간단없이
비극의 출연으로만
끌러든 전생 전부기
다시 없는 오늘의 이별에 삭발로
迷惑을 고하자.

염 의

俗 옷을 벗고 먹물 바지적삼으로
갈아입고 나니
불같이 올라오던 속 습성옷이
다 제재하네
이리 좋은 옷이 또 어디 있을까
이 값진 옷을 자격 없이 입고 나니
가고 오는 보살님들은
합장하고 절하니
절 받기 부끄러워라.

수 계

오욕칠정에
노예가 되어
오탁한 몸
부처님의
중하신 戒를 받고 나니
굳어진 새까만 가슴
비켜선 자리에
훤한 길이
열려진 것 같습니다.

죄인의 노래

태어나지를 못했습니다
이 세상에 태어났어도
나는 태어나지를 못했습니다

죽었습니다
살았어도 죽었습니다
이 세상에 살면서도
나는 죽었습니다

설 곳이 없습니다
서서도 설 곳이 없습니다
하늘과 땅 사이가 한없이 넓지만
한척의 내 몸 설 곳은 없습니다

노래는 불러 안 불러 무엇합니까
허구 많은 번뇌 가운데
하늘과 땅 사이에 홀로서
태어나지 못했기 때문입니다.

재입산

지금쯤 황소타고 고향에 가면
마늘장아찌 까맣게 익어
먹음직할 게다
보리밥에 파리 날리며
밥 먹던 어린 시절
삼삼히 눈 속에
눈물이 열리고 있다

이제는 고향가면 꼭 돌담 초가집
묻어 놓고
눈꼽 낀 못난 아낙네에게
장가를 들어서
머리 맞대고 앉아 눈물을
서로 닦아주며
고구마 구워서 재 털며 먹듯이
이 세상을 살다가
나는 알라리야
나는 알라리야

설악산에 와서

太古가 그리워
靑峯에 올라보니
산허리에 흰 구름
걸쳐 입었구나
心劍을 빼어들고
허공을 돌려쳤더니
허공 뼈는 바스락 바스락
동해바다
굽실굽실 기어 든다
내설악에 들어서니
선녀탕에 선녀들이
주섬주섬 내려와
목욕재계하며 노니는데
저 늙은 부처 바위 빙그레 웃노나
백년 못살아 한 生인데
이제는 떠나지 말고
같이 살자구나
설악아!
머루랑 다래랑
따먹으며 짐승처럼.

토굴에서

쌀밥 그만 두어라
이 산속에 들어와서 쌀밥 보리밥
어이 탓한단 말인가
보리밥 된장찌개도 나에게 오감커니

이불은 그만 두어라
이 산속에 들어와서
이불 속에서 발 벗고 어이 잔단 말인가
따뜻한 방도 나에겐 오감커니
훤히 밝아 비쳐오는 달빛 아까우니
등잔불 어서 꺼야지
서창에 달이 밝아온다

깊은 산골에 밤이 깊으니 적적한데
더욱 적적하다
답답한 가슴 안아 앉았으니
한밤 내 피나게 우는 소쩍새 소리
장부 이 가슴 더욱 매어 온다
흘러가는 물도 잠잔다는 이 시간

밤은 고요에 고요를 배어
숲은 나른히 잠이 깊었는데
홀연히 앉아 애태우는 놈은 누구인고

가는 사람 가게 그만 두어라
벼룩 서말은 잔디밭으로 몰고 가도
중 세 사람은 못 몰고 간다고 했는데
가는 사람 가게 그만 두어라

가는 사람 가고
오는 사람 오게
가는 사람 막지 말고
오는 사람 거절 말고
가면 가고 오면 오고
그만 두어라

여보시오 서숙밥이라 말을 말고
내다 주오
이 산골에서 보리 범벅인들
배불리 먹고 살겠는가

아직도 갈 길은 멀고 먼데
고생이 내 밥인데
무엇을 탓하리요
객생활도 썰렁커니
밥을 보니 밥도 썰렁
먹고 나니 배도 썰렁
아직도 갈 길은 멀고 먼데
해진다고 걱정말아라
공중에 나는 새도 집이 있는데
내 몸 둘 곳이 없을라고
집에 들어가 괄시하거든 길가엔들 어떠하리
자네도 문턱 나서면 객이 되네
누가 본래 집 가지고 다니는 사람 있나
문턱 나서면 다 객인데 객이라 괄시말고
주인이라 큰소리 말게.

天 眞 佛

옛날 옛날에
어떤 천진한 중이
걸망 속에 숟갈을 가지고 다니다가
마을 아낙네에게
사정말을 한다
아주머니 아주머니
치마 깊숙한 골짜기 물이
꿀같이 달다고 하는데
저 좀 맛보게 해주십소사
사정을 했더니
마을 아낙네는
감탄하고 경탄하여
치마 속을 열어 깊숙한 골짜기
마을을 보라 했겠다

이 천진한 중이 걸망을
뒤적뒤적 뒤지더니 숟갈을 꺼내어
골짜기 물을 한숟가락 뜨더니
퇴퇴 침을 뱉으며 하는 말이

꿀같이 맛있다더니 꿀이 썩었네요
고리 고리한 냄새뿐이네요
마을 아낙네는
또 경탄하여 숙연히 머리를 숙인다
천진한 중은 숟갈을 도루 걸망에 챙겨 넣고
털털 털고 돌아서 간다.

그릇대로 가져 가라

나는 말을 주지 않는다
다만 말할 뿐이다

가져 가고
안가져 가고는
당신의 자유다 자유!
그릇대로 가져 가라

지혜 있는 사람은
지혜의 칼로 가져 가라

중생의 눈은
중생의 눈으로
가져 가라.

청동맥

그는 온 세상을 다 준다 해도
마다하고 돌아앉았다
그는 시를 쓰지 않았다
시 이전의 시를 먹고 살았다
그는 철학을 말하지 않았다
철학을 먹고 철학똥을 먹고 살았다
그는 주소가 없는 것이 아니라
티끌 속에서 우주를 유희하며 살았다.

(이 시는 중광이 공초 오상순 시인의 位牌제자가 되면서 바친 시다)

미친 사람

미친 사람은
미친 줄을 모른다

미쳤다고
말하는
사람이
미친 사람이다.

다행이지

내 性器가
BOLT였다면
몇 번 빌려 주고
사방천지 왔다갔다 했을 거야
그런데
지금 성기만 놀러
미국으로 갔을지도 모르지

열 번
백 번
갔을텐데…

그렇게 볼트가 아닌 것이
다행이지

하나님
한 곳에만 있게 된 것을
감사드립니다.

요렇게 잡아라

요렇게 잡아라
宗圭야 지구를
한 손에 움켜 잡으려무나

나는 우주를 등허리에
걸쳐 업고
四海 바다를 한 병에
담아 들고 갈 게다

밀거니 받거니
須彌山 정상에 올라보니
장엄일러라

心劍을 빼어들고
業바다를 돌려쳤더니
팔만사천 번뇌는
산산히 부서지고

자네는 장구치려무나

나는 두둥실 두둥실
춤을 출 게다

이 밤은 빗겨 가고 빗겨 가고
별들은 시집가고
달들은 장가를 가네.

수좌의 멋

부처도 조사도 등지고 돌아 앉아
生과 死를 가르고저 요지부동한 참모습들
반 살림만 지나면 궁둥이 들썩들썩
지대방 걸망이 들먹들먹
기다리는 사람은 없어도 갈 곳이 많은
운수납자들
解制하고 山門을 나서면
저 흘러가는 구름아
하늘이 좁다 자랑마라
나도 한 발자욱 뛰면
삼천대천세계를 넘나드니
빗겨 서거라
내가 가는 길을 묻지 말아라
獅子는 한번 번쩍 뛰면
저 달을 몰고 돌아온다.

미친 소리

나는
천당과
극락을
오른쪽 호주머니에
가지고 다니고

지옥은
발바닥 밑바닥에
가지고 다닌다

양심은
하늘에 걸어두고
이슬처럼 다 먹는다.

자기를 보라

이 세상 사람들은
자기를 자랑할 줄은 알아도
참으로
자기를 본 사람은
그리 많지 않다
있다면
詩人 具常쯤은……

暈城 자신은 세평 땅에 묻어 두고

운성 자신은 세평 땅에 묻어 두고
吹毛利도 빗겨 서거라
빗겨 서거라
이는 누구의 지혜이옵니까
설중 매화에 피어난 하늘 매화처럼
매화처럼
이는 누구의 하늘이옵니까
늙은 老松은 忍苦의 풍랑을 點頭하며
꾸벅 꾸벅 졸고 있음은 누구의 모습이옵니까?
샘돌이, 호순이, 산돌이 이름 지어
신령스러움을 감사하는 마음은
이는 누구의 사랑이옵니까
오늘도 내일도 아스팔트 길에서
베네딕뜨의 까마귀와 더불어
까옥 까옥
퍼덕이며 울음은 누구의 魂이옵니까.

기다리던 님은

오늘이야 오겠지 기다리다가
내일이야 오겠지 달래다가
모레야 오겠지 믿었다가
오늘이야 오겠지 속았다가

속았다가 믿었다가
달래다가 기다리다
미쳤다가 죽었다가
애가 마르고 애가 마르고

내가 형무소에 들어가니
사랑하던 님은
나를 배신하고 영영 오지 않고
그것도 좋은데
딴 놈에게 가버리다니
크게 깨달은바
있었다
여자란 9×9= 50

(목포형무소에서)

392번호만 보이고 변명은 않을 테야

어서 갈테야 어서 갈테야
한없이 무거운 짐 쉴 곳을 찾아
어서 갈테야 어서 갈테야
한손엔 죄수번호 들고
한 손엔 참회의 눈물 들고
주님의 심판대로
어서 갈테야
어서 갈테야
고창률 죄명이 무엇이냐고 물으면
392 번호만 보이고
변명은 않을 테야
변명은 않을 테야.

    (23세 때 상해죄로 목포형무소에 신세를 지다)

내가 사는 집은 여기에 있다

내가 사는 집은 평화로운 중산촌 뒷동산
푸른 하늘 높이 이고 여름이면 일렁일렁
푸른 파도처럼 넘실거리는 옥수수밭
겨울이면 바싹 마른 옥수수깡 제멋대로
쓰러지고 꺾어지고 앙상한 살풍경 속에
넓은 들판에 반은 땅속에 묻히고
반은 땅위에 나앉은 너와 지붕을 덮은
통나무 오막살이 집이란다

같이 늙어 갈 동반자 말벗이 되고
등허리도 서로 긁어 주고
눈에는 눈꼽이 살짝 끼고
약간씩 콧물도 훌쩍거리며
치맛자락으로 콧물을 닦는 아낙네
이왕이면 바둑이란 놈도 같이 살고
어린 양 두세마리 호적에 올려놓고 살고 싶구나

앞마당 약간 떨어진 곳에서
물소리도 조롱조롱 들릴듯 말듯한

여름밤 모닥불 피워 놓고
가끔 모기 소리도 앵앵 휘저 가며
마당에 덕석 깔아 누워 하늘의 별들을
한 번 세고 두 번 세고
세다가 헷갈리고
다시 세다가 헷갈리고
별들도 잠들어 가는 깊은 여름밤
저 산너머 멀리서 봄 뻐꾸기 소리도
뻐국뻐국 소리에
산 냄새도 깊어가고
처녀 젖가슴 열어 놓고
삼단 머리도 풀어헤쳐 가끔 나에게
산천도 달려 온다
뻐꾸기 소리도 달려 온다
푸른 하늘도 달려 온다
김경애양 석별의 노래도 달려 온다

가끔 옛친구들이 찾아올 터이니
땅속 깊이 송화차, 매실차, 더덕술을
정성껏 잘 빚어 땅속 깊이 담아

묻어두어야 하겠다
바둑이가 깽깽거린다
어서 당신이 먼저 나가보오
나도 바지를 주어 입어야 하겠다
어젯밤 까치 우는 꿈을 꾸었는데
누가 반가운 손님이 오나 보다
아니면 산노루 몰고 신선님이 오나보다.

내가 죽거들랑

내가 죽거들랑 죽었다 말아라
이 세상에 태어나서도 나는 홀로
태어나지 못한 죄인이노라

내가 죽거들랑 불쌍타 말아라
한줌의 흙도 잔디도 얹지 말아라
까마귀 새들이 다 뜯어 먹게
그만 두어라
나는 복전과 극락을 원치 않겠노라
오 악의 무리여!
다 나에게 형벌을 달게 받겠노라.

(목포형무소에서 출감하고)

30원

하늘에
草家三間 묻어 놓고
저녁 노을에
까마귀 까욱 까욱

어머님을 그리는 노래

마루 위에 있는 접시에
빨간 사과 한 알을 보고 깊은 가슴 뭉클하여
나는 눈물을 흘렸습니다
이 눈물을 흘리는 까닭을 아무도 모릅니다

내 나이 갓 오십이 되어서 고향 생각과
어머님 생각이 어릴 때 생각과는
전혀 다르기 때문이옵니다
어머님이 살아계실 때 저런 빨간 사과
한 알이라도 사서 종이에 곱게 곱게 싸
가슴 속에 품었다 드렸더라면
오늘 이렇게 서럽게 가슴 속에서
울지는 않았을 것이옵니다

내 나이 열 여덟살 때 어머님은 마흔 아홉 살 나이로
이 세상을 떠나 가셨습니다
나는 그때 어머님이 그리워 울기만 했습니다
그 외는 아무 것도 몰랐습니다
나는 그때 어머님의 나이가 많은 것으로만 알았습니다

이제 내 나이 마흔 아홉 되고 보니 어머님은
한창 인생 황금기에 돌아가셨구나
지금에야 깨달았습니다
그래서 가슴이 터지도록 아프고 서럽습니다
어머님, 어머님이 다 못 살으신
한 많은 여생 제가 대신 살아야 하겠습니다

어머님!
어언 세월은 흘러 제 나이 마흔 아홉이 되었습니다
그리고 머리 삭발한 사문이 되었습니다
어머님!
저는 어머님 앞에서 죽지 않고 오래 오래
건강하게 어려움 속에서도 성실하게 살겠습니다

금년부터 20년 살면 어머님께 10년
30년 살면 15년을 어머님께 꼭 올리겠습니다
어머님이 살아계실 때 하신 말씀을
가슴 속에 깊이 새기며 살아가고 있습니다
'비록 가난하게 살아도 절대 비굴하지 말아라.
그리고 남에게 가슴 아픈 일을 절대 하지 말아라'

그래서 나는 거러지 중이 되고
가난한 예술을 좋아하는 것 같습니다
어머님, 나는 1980년에 부모님의 은혜를 그리며
고향을 그리는 '한라산에 와서'
시 한편을 현대시학에 발표했습니다

어머님, 나는 전주 이씨 이진호의 아들임을 더 자랑합니다
고모님 살아계실 때 하신 말씀이 이제 생각이 납니다
내 얼굴 모양도 어머님의 모습이고
마음 쓰는 것도 활발하고 또 인정 있고
자신 있게 살아가는 것이 꼭 어머님의 아들이라고

나는 가끔 어머님을 보고 싶을 때
나의 슬픈 눈물 속에서 어머님을 봅니다
그 눈물은 아무도 모릅니다
어머님과 그리고 나밖에 아무도 모릅니다
실컷 웁니다. 어머님! 어머님 하면서…

나는 지금도 생각납니다
어머님이 멀리 일보러 갔다 오면 짐을 살금살금 뒤집니다

나에게 무엇을 줄 것을 가지고 왔나 찾아봅니다
아무것도 없으면 대단히 서운합니다
그러나 내 표정은 안보입니다
어머님이 가슴 아파할까 봐서

나는 젖을 네 살까지 먹었습니다
언제든지 어머님 품속에서 꼭 자야만 잠을 잤습니다
나는 어머님과 떨어지면
죽는 것으로만 알았습니다

나는 어머님이 멀리 갔다 올 것 같은
눈치만 알면 살짝 먼저 나가서
어머님이 가는 길 방향을 알아
그 길목에 먼저 가 지켜 있기 일쑤였습니다
그러면 어머님은 어이가 없어서 빙그레 웃고 맙니다

지금은 가끔 선명하게 그렇게 그리워집니다
그러나 지금은 꿈이옵니다
내가 지금 착한 사람이 되었다고
그렇게 자랑하고 싶어서 죽겠습니다

이것이 어머님에 대한 나의 믿음이옵니다
이것이 어머님에 대한 나의 기쁨이옵니다

어머님이 살아계실 때 서러운 눈물
어머님이 살아계실 때 농촌에 흉년이 들어
봄 고리고개를 넘어 갈 때 일입니다
쌀이 없어서 밀겨 한 줌 아니면
감자 썩은 전분가루 한 줌에다
채소나물 잎 한 웅큼 물에 띄워놓고 국죽을 쑵니다
그대로 하늘이 보이는 멀건 물입니다
그나마 나물 건덕지는 나에게 주고
어머님은 국물만을 먹습니다
그래서 나는 한없이 운 적이 한 두번이 아니었습니다
제가 어릴 때 시를 지었습니다

국죽이 주루룩 주루룩 울고 있다
주루룩 주루룩 흘리는 소리
어머님의 눈물
나는 어머님의 눈물을 먹고 있다
주루룩 주루룩 국죽이 울고 있다

이때 생각하면 가난이 너무 무섭고 지쳤습니다
어머님이 너무 고생하고 산 것을 생각할 때
참으로 죽겠습니다

개구쟁이 시절이 일생에 최고의 그리움입니다
나는 어머님께 종아리를 얼마나 맞았는지
알 수가 없습니다
매일 매일 매맞다시피 했습니다

학습장을 시작해서 방 구석구석마다 온통
그림 낙서투성이를 만들기 때문이었습니다
그리고 대가 없어서 대바구니를 뜯어 연을 만들었으니
매일 매일 매맞을 짓을 했습니다

그리고 열 번 백 번 매맞을 짓을 골라가면서 했습니다
어머님이 옷을 빨아 풀해서 곱게 다려줍니다
나는 어머님 모르게 살짝 옷을 발로 밟아서
풀이 죽도록 비빕니다
몸에 맞게 만들어 입습니다
이것을 안 어머님은 또 불벼락이 내립니다

그리고 또 뻔한 일이지요
아버지가 일본에서 좋은 공책과 연필 등
여러 가지 학용품을 보내 줍니다
그것을 어머님 모르게 책보에다 모조리 쌉니다
학교에 가 자랑하고 싶고
주고 싶어서 죽습니다
그래서 다 주고 옵니다
이런 일을 어머님은 까마득하게 모릅니다

며칠 있다 어머님이 궤 속을 열어보니
공책도 연필도 깡그리 하나도 없으니
어이가 없어서 이놈이 손에만 잡으면
무엇이든 친구들에게 주어버리니
막다 막다 못해서 정신에 병들었으니
무당굿으로 빌기도 했습니다

어떤 때는 학교 가기가 싫으면
큰 항아리 속에 들어가서 생쌀 먹으면서
학교 안가기 일쑤였습니다
나는 어릴 때 한국이 무엇이고

일본이 무엇인줄 몰랐습니다

일본 선생이 그렇게 무섭고 싫어서
학교 가는 것이 죽으러 가는 것 같았습니다
일을 너무 시키고 몸은 대단히 약하고 힘겨워
가기 싫으니 하루는 궁리 끝에
돼지 집 속에 숨었습니다
돼지 집 속에 사람이 들어갈 것이라곤
아무도 모르기 때문에 제일 편했습니다
학교에 안 가고 어머님께 매맞는 것이
오히려 좋았습니다
내 공부는 어떻게 하면 학교 안가나 하는
궁리뿐이었습니다.
그러나 어머님도 내 심정을 잘 몰라 주었습니다
매일 매일 매 맞을 짓을 했습니다
그러나 매맞을수록 어머님 정은 짙기만 했습니다
죽어도 잊혀지지 않는 것이 어머님의
사랑의 매입니다
종아리에 피가 맺히고 며칠을
절룩절룩 걸을 정도로 매를 맞을 때는

손방이 닳도록 살살 빕니다
살려 주십시오
다시는 절대로 않겠습니다
그러나 돌아서면 금방 헤헤 합니다

어머님은 병환 때문에 고생 많이 했습니다
어머님이 4년간 골수염이란
무서운 병에 걸려서 누웠을 때
반낮없이 대야로 오줌, 똥을 받아 냈습니다.
그리고 10년간 부엌에서 밥을 지었습니다
이 일을 지루하거나 괴로워할 줄 몰랐습니다
이것은 어머님의 참사랑 속에서 자란
은혜 때문인 것입니다

지금도 부러운 것이 있습니다
내 나이 갓 오십 되었어도 늙으신 양부모님을 모시고
사는 자손들 말입니다
그 때문인지 우리 노스님이
아파서 깊이 걱정하면 나도 꼭 같이 아픕니다
내가 지금 소원이 있다면 지금 죽었다

다시 살아날 수만 있다면
나는 서슴없이 오늘 죽었다가 어머님 모시고 와서
다시 살아나는 것이옵니다
나는 어머님 앞에서 어리광부리며
지금에야 깨달은 어머님의 은혜를
 다 말하고 같이 울면서
어머님의 손이 내 머리를 쓰다듬어 주면서,
내 아들아 내 아들아
장하고 장하다
어머님의 목소리를 듣고 싶습니다
이것이 나의 삶의 전부입니다

그래서 어버이를 위해 이진호의 아들임을
자랑하고 싶어서 어제도 오늘도 부지런히
공부하고 전진합니다
그리고 인류 사회에 복된 일을 하고 싶어합니다
나는 죽기 전에 아버님과 어머님의 비를
세워놓고 죽어야 하겠습니다
나를 낳아주고 길러주신 은혜를
기리기 위해서입니다

이 세상은 다 은혜 속에서 살고 있습니다
참 은혜를 알고 갚을 줄 알아야 하겠습니다

어머님의 사랑보다 뜨겁고 이보다 너그러운 것은
이 세상에 더 없습니다
내가 죽기 전에 꼭 비를 세우려는 것은
내가 죽으면 어머님이라고
다시 못부르기 때문이옵니다
나는 우리 어머님이 멋이 있는 이라고
자랑하고 싶은 것이 하나 있습니다
지금 생각하면 우리 어머님은
여걸이시고 연애도 잘한 것 같습니다
여자로서 소장사, 말장사를 할 정도였으니까
아버님이 일본에 계실 때
어머님은 한국에 홀로 계셨습니다
그런데 살짜기 젊은 군인과
안방에서 만나는 것을 보았습니다
그래서 나도 어머님의 아들이라
여자를 좋아하게 된 것 같습니다
나를 낳아주신 은혜도 크지만

참사람이 되게 만들어 준 은혜는 더 큽니다
박혜련 어머님은 피와 눈물로 나를 길러 주셨습니다
혜련 어머님이 아니었다면 오늘의 중광이는
없을 것이옵니다
혜련 어머님의 말씀 가운데,
'이놈을 죽여도 내가 죽이고 살려도 내가 살린다
딴 사람들이 다 싫어하는데 나까지 싫어하면
그놈은 어디로 가나....
그리고 어머님이 주신 별명이 있습니다.
첫째 번개 40 둘째 스탈린 굴뚝 셋째 여우삼수량
넷째 귀신 따먹을 놈
이것은 욕이 아니고 너무나 귀여워하신
참사랑의 별명이었습니다
가고 오는 운수업자들을 위하여
수년간 몸과 마음으로 자비와 성실
인내의 씨를 허공에 많이 심어 놓았습니다

  이 세상에는 사랑보다 더 뜨거운 것이 없고
  이 세상에는 사랑보다 더한 눈물이 없고
  이 세상에는 사랑보다 더한 죽음이 없고

이 세상에는 사랑보다 더한 법도 없고
이 세상에는 사랑보다 더한 교화도 없고
이 세상에는 사랑보다 더한 세상이 만사가 없고
참사랑은 이 우주와 과거, 현재, 미래를
다 덮어도 끝이 없고 사랑은 무한이어라.

(중광이 49세가 되던 해에)

生과 死

白雲은 손짓하며
西天을 흘러 흘러도

법당에 돌부처는
코를 구르며

깊은 잠 꿈속에
깨어날 줄 모르누나.

장욱진 도인

千崖에
흰구름 걸어 놓고
달 데불고 해 데불고

까치와 소주 한잔
주거니 받거니
달도 멍멍 개도 멍멍

또 하나의 자랑할 말

내가 자랑할 말이 또 하나 생겼다
나는 구상 형님을 한국에
살아있는 예수님
독일에 있는 조광호 신부님 말씀을
머리 조아려 경배하고.....

내 모든 오늘에 길을 열어 주신
오직 한분
구상 형님 뿐이었는데.....

내가 한국에 누가 하면
卞鍾下 대화백님!
도자기에 도화 자랑할 말이 생겼다
1985년 4월은
내 생애 큰 수확이다.

부끄러운 말 1980년 10월
캘리포니아 힐즈버그 도요지에서
초대받아 도자기 도화 조형법을

낮 1시부터 뒷날 4시까지 서로
엉키고 설키고, 실컷 미치도록
시범한 적이 있었다
오늘의 변종하 대화백님 도화를 보고
나는 그때 일이 너무나
부끄러워 죽겠다
우리나라의 자랑
고려청자, 분청, 이조백자
이조 말 이후 1백여 년간 긴 잠에 빠져 있었다
오랜 오랜 잠을 종히 대회백님이
깨우쳐 주며 경종을 울려
도자기 도화 전통맥을
재확인한 것이다

우리나라의 위대한 탄생
종하 도화의 예술
불가사의여! 신비여!
신령스러움이여
미쳐버린 사람이요!
종하 도자기 도화에 미쳐버린 사람

손을 맞잡고 춤을 추어 준 김창실
장구, 장단소리
리듬이요! 노래여! 춤이여!
고마워라 고마워라
나는 너무 즐거우면
술을 실컷 마시고
숨이 탁탁 막히도록 마시고
마시고 미쳐 버린다
지금도 숨이 탁탁 막힌다

아! 우리나라에 무궁무진 자랑할 인물이
앞으로 너무나 많다
즐거운 비명이다

나는 山丁 徐世鈺 대화백님을
친견을 못해 보았다. 복이 없어서
그러나 내 혼자서 미친놈처럼
서세옥 화백님의 간결한 선 필치로
멋이 철철 넘치는 숨소리
깨끗한 백자 도화에 틀림없이 명작이

나오리라 예언을 하면서
혼자 미친다

이렇게 저렇게 혼자서 핑계를 만들어서
술을 마시며 미치다 보니
千祥炳 시인 생각이 떠오른다
내 눈물 속에서
내 술잔이 마구 눈물을 흘린다
찢어지게 가난해도 가난하지 않은 사람
천상병 도인!
오늘도 술잔을 어디서 기울이고 있겠지

나는 천상병 도인을 모릅니다
얼굴도 못보았습니다
목소리도 못들어 보았습니다
그러나 밑도 끝도 없이 허공에서
절규하는 참 목소리를 들었습니다

인간 최하 밑바닥에서
때묻지 않은 숨소리, 생명의 소리를

나는 들었습니다
현대시학 사진을 통해서
시를 통해서
망망한 푸른 창해에
한 마리 학이여!
저 푸른 하늘도 꺼꾸러져라
靑峰에 올라
청봉에 올라보니
구름바다에 산산
산산에 허공도
깊이 잠들었어라.

香嚴스님에게

그대 모습 목은 빼어져
청초하고 고상한 맛
그윽한 산속에 난향일러라

그대 마음 부처님 향한
고읍고 단장하는 정진
흙탕물 속에 물들지 않은
연꽃일러라

그대 미소 웃을세라
자부른 듯 자부를 세라
폭풍이 지나간 고요한
아침 미소일러라.

金得九선수 영전에

득구야! 득구야 제발 살아다오
어머님의 통곡하며 한맺힌
원통의 목소리도 외면한 채
투혼의 신화를 남기고 비운의 WBA복서
김득구는 1982년 11월 18일 10시 55분에
끝내 숨지고 말았다

사나이 큰 뜻을 관철하기 위해서는 목숨까지 건다
챔피언 벨트를 차지하지 못하면 차라리
죽어서 돌아오겠다며
알미늄으로 모조 관까지 준비했고
자기가 말한 관에 자기 시체를 담고
투혼의 신화를 남기고 돌아왔다

대한의 아들 장한 남아 김득구!
한국의 우리 형제들은 기적이라도
있기를 빌고 있었다
그러나 끝내 꽃은 활짝 피지 못하고
뿌리째 꽃봉오리는 꺾이고 말았다

득구의 비장한 일기 속에
그는 신앙처럼 깊어 있었다
가난은 나의 스승이다
우리 집안은 가문도 뼈대도 재산도 없는
정말 가난한 집이다
그러나 나의 가슴 속에는 저 동해에서
이글이글 타오르는 태양과
저 넓고 끝없는 푸른 동해바다가 있다

이러한 일기를 남기고 그는 갔다
일찍이 우리들도 가난과 고생을
모른 것은 아니었지만
득구의 경우처럼 가난이라는 말을
실감 있게 뼈저리게 느끼며
우리들의 가슴 깊이 파고 드는 일은
그리 많지가 않았다.

대한의 남아!
20세기 남아로 태어나서
너는 끝내 링에서 일어나지 못하고

너는 끝내 링에서 일어나지 못하고
아니 슬피운 사람이 없느니라
하늘도 땅도 오열을 했느니라
너의 이름은 20세기 복서 역사에 기록되었다
너의 이름은 하늘에, 땅에, 온 천지 보석처럼
반짝반짝 빛나고 있다
대한의 남아 김득구!
최선을 다한 투혼은 외롭지 않다
너는 링 위에서 쓰러질 때까지 싸우고 싸워서
최선을 다했고 투혼을 끝내 볼사른
링 위의 불사조였다
스물 세 살의 짧은 생애
우리에게 눈물의 교훈과 가슴깊이 상처를 주고 간
참으로 슬픈 인생 드라마도 그리 많지 않다
네 가슴에 푸르른 넓은 동해바다를
라스베가스에 가지고 가서
성난 파도처럼 넘쳐 넘쳐 노도쳤느니라
네 가슴에 이글이글 타오르는 동해바다
태양을 가지고 가서 미국 라스베가스 하늘에
온 우주 높이 높이 띄워 올렸느니라

너는 최선을 다했느니라
너의 죽음은 황금의 죽음이었느니라
너는 우리에게 많은 교훈을 남긴
값진 인생을 살았느니라
우리들은 너같은 죽음을 부러워 하느니라
득구야!
너는 열과 혼과 지혜와 인욕과 사랑과 희망과
모든 고난과 가난한 환경을 극복하여
삶이 최선을 다해서 성실하게 착실하게 살았느니라
너는 우리들에게 너무나 가슴깊이
값진 교훈을 주고 갔다
하루 참고 인내하면 10일을 벌 수 있다
사흘을 참고 견디면 3년을 벌 수 있다
3년을 참고 견디면 30년을 벌 수 있다

초등학교 시절 선생님의 말씀을
좌우명으로 삼은 일기였다
너는 생명인 심장을 기증하여 복서를 초월한
인류의 박애 꽃을 피운 복이 있고
영광된 인생을 장하고

거룩하게 영원히 장식했다
너는 주님의 참사랑을 다 받고 주님의 품에
영원히 안길 것이다
우리 형제들은 명복을 빌면서
영전에 향을 사른다
千祥炳 시인에게

그대 모습
망망한 창해에 한 마리 학으로
날아라
저 푸른 하늘도 꺼꾸러져라
꺼꾸러져라.

눈물겹도록 아름다운 마음

김경애양이 포장마차에서 소주한잔
입에 살짜기 걸치고
핸들을 잡고 넓은 광야를 멋지게 달린다
머리칼을 날리며
석별의 노래 소리가 어둠의 리듬을 타고
가슴깊이 들려 온다
남기고 싶은 말 한마디 진정코 너만은
사랑했노라
모든 산천이 손을 들고 달려 온다
밤하늘 별들도 달려 온다
우리들이 가는 곳에 어둠은 멀리 사라지고
밝은 자비의 손 가는 곳마다 꽃피게 하여라
눈물겹도록 아름다운 마음 가슴속에 깊이
소복히 담아두고 관음조처럼 날아라
내 혼자서 이 노래를 깊은 꿈항아리 속에
넣었다가 살짜기 열어보고 꿈항아리
속에 묻어 버리게 하라.

2
걸레스님의 수행일기

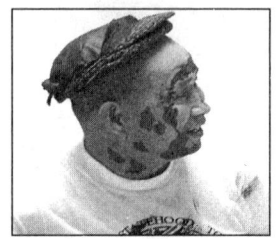

중광 수행일기 · 1

염불을 하다 여자는 도망을 가고

행각을 하는 도중에 광주를 내려갈 일이 생겨서 자주 내려가곤 했다. 광주 우주여관에만 가면 내가 평소에 아는 도반들과 처사들은 오랜만에 만났다고 서로 얼싸안고 반가워했다.
보나마나 내가 가는 곳에는 술과 담배는 끊이지 않고 따라 다녔지만, 아니나다를까 예상한대로 조금 있으니 술좌석이 벌어졌다. 술좌석이란 게 맨 처음엔 사람이 술을 먹지만 몇 순배 돌고 나면 술이 사람을 먹기 시작한다. 그쯤 되면 노래로 시작해서 인간의 원새무대가 전개된다.
술이 들어가자 취하기 시작한다. 갑자기 공주 생각이 머릿속에 가득 차 온다. 그래서 처사보고 살짝 말을 건넸다. 오늘밤에 장가 좀 보내달라고. 그랬더니 좋소, 좋아하며 흔쾌히 받아들인다. 그러고 나서 하는 말이 밤이 이렇게 깊었는데 이 시간에 공주가 있을런지 모르겠다는 말을 덧붙이는데 그때 시각은 11시였다.
아주머니께 부탁을 하면서 공주를 꼭 좀 모셔달라고 신신당부를 했다. 어렵겠다면서 고개를 갸우뚱해 보인다. 백방으로 수소문해서 알아볼 테니 좀 기다려 보라는 대답이다. 기다려도 기다려도 소식은 함흥차사다. 그렇게 되자 마음이 더 급해진 나는 정말로 장가를 가고 싶은데 꼭 좀 어떻게 해달라고 사정하면서 돈은 얼마든지 줄테니 소원 좀 이루게 해달라고 사정했다.
11시 20분에야 공주님이 왔다. 나는 눈물이 날 정도로 반가웠다. 술이 취할대로 취한 상태였지만 나는 공주가 오자 내 방으로 직행했다.
술이 취해서 몽롱한 의식 속에서도 나는 공주에게 휘발유를 가득 담은 특급 열차의 속도로 지금 달리고 싶다고 했더니 공주님이 빙그레 웃는다.
나는 말이 떨어지자마자 곧 입을 포개어 먼저 인사드리고 밑으로 인사를 드리자고 하여 합의를 보고 원앙금침 보금자리로 들어갔다. 차는 숲속으로 헤치고 앞으로 앞으로 전진하다가 흰피를 토하며 부상하고 말았다. 한 시간쯤 기다리다 나는 완전 재무장하고 공주의 아리따운 요트에 다시 올라 갔다.
나는 열반의 법문을 설하며 극락길을 걸어갈 때 갑자기 불경을 외우고 싶었다.
관세음보살, 관세음보살 하며 무상계(사람이 죽었을 때 외우는 경)을 한참 외우며 희열을 맛보고 있는데 갑자기 공주님이 염불소리는 무섭다고 벌벌 떨면서 벌떡 일어나더니 옷을 다 주워 입으며 가겠다는 것이다.
이 한밤중에 어떻게 가느냐고 했더니 내 일은 내가 알아서 하는데 무슨 걱정이냐며 끝내는 가는 것이었다.

이놈의 주책없는 입 때문에 광주에서 아리따운 여자 놓치고, 돈 놓치고, 밤 놓치고, 염불마저 놓치고 말았다.

(행각길, 강릉에서 경주 포항으로 부산까지 15일 걸려 가던 날)

중광 수행일기 · 2

통도사 강원에서 쫓겨나면서

정의의 칼은 녹슬지 않는다
양심의 소리는 귓구멍 없는
귀로 듣는 것이다
양심의 소리는 말이 있어도
말이 없는 묵언이다
양심의 호소는 소리 없이
이 가슴속에서의 부르짖음이다
죽도록 외치다 죽을 외침은
소리 없이 이 가슴을
터뜨리는 외침이다
혹한 속에서 앙상한 가지만 남은
裸木은 재생의 봄을 기다려
얼지 않는 넋이다.

정의의 칼

반항을 위한 반항이 아니다

시정을 위한 정의의 칼이다
칼을 위한 칼이 아니다
부패된 것을 짜르는 정의의 칼이다
칼을 위하여 칼을 닦는 것이 아니다
녹 쓰는 것을 막기 위함이다.

      (부패는 절집 독살림을 말했음)

중광 수행일기 · 3

최상의 좋은 씨앗을 심어라

좋은 일에 너무 집착해서 취하지 말고, 덜 나쁜 일 또는 악한 일이라고 전부 몰아치지도 말고, 좋은 일 나쁜 일 양변을 일체 떠나서 즉 좋고 나쁜 양변 사건 속에 있으면서도 뛰어넘어 무집착 속에 살고, 무집착 속에 행실할 수 있을 때 이런 사상의 씨를 심어야 한다. 사실 최상의 씨란 말도 사상의 노예가 되어서는 아니 된다. 세상이 좋은 법이나 좋은 말이나 좋은 글이나 좋은 사상이나 좋은 행동에 너무 취하면 이것도 큰 병이 되는 것이다. 사람이 반짝되고 마는 것이다.
이와 같은 경지를 체득하려면 공부도 많이 하고 경험도 많이 하고 탐심도 없이 오직 정직해야만 한다.
1970년부터 78년 사이에 일어났던 나의 사건을 적어 보고자 한다.

내가 조계종 승려로써 해인사 종회원을 지내고 있을 때의 일이다. 불법을 잘 지켜야 할 놈이 체신머리 없이 떠들어 대고, 모든 법을 파괴하여 세상에 나쁜 오염만 퍼트렸고, 또한 여자 공주들만 만나면 다 쳐먹으려 하지, 술이란 술은 이 강산 술을 다 퍼마실려 들지, 담배를 굴뚝처럼 태워대고, 고기란 고기 이름만 붙으면 모조리 없어 못먹지, 이런 땡땡이 중놈보고 눈을 가진 자, 입을 가진 자, 귀를 가진 자, 양심을 가진 자, 법을 가진 자들은 욕을 하겠지. 나도 요즘 생각해 보면 그때 일이 재미도 있었지만 너무 했다 생각이 나고 어떻게 오늘까지 살았을까 생각해 본다.

지금은 참회의 나날을 보내고 말년에 회양 잘 해야겠다고 마음을 다짐한다.

불교 망신을 다하고 다니는데 젊은 승려들이 좋아할 턱이 있겠는가. 또한 그 젊은 승려들이(나는 이런 속에서 수양하고 있었지만) 나의 철학을 알 리가 없었고, 나는 알아 달라고 변명도 안했다. 따라서 나를 이해할 수가 없었으리라.

그들이 안다는 것은 기껏 나쁜놈, 마군이란 것 뿐이었다. 나는 그들로부터 세 번에 걸쳐 테러를 당했고, 수십 차례 공갈 협박이 가해졌고, 신문지상을 통해 정식으로 나에게 도전을 해 왔다. 한마디로 귀신도 모르게 처치하겠다는 것이었다.

불교를 망치는 마구니놈 — 이것이 그들이 나에게 뒤집어 씌운 죄명이었다.

어느 날 나에게 몇몇 스님이 술집에서 만나자고 연락이 왔다. 나는 술이라면 없어 못 먹던 처지여서 기꺼이 약속된 술집으로 갔다. 그곳에는 이미 젊은 승려와 처사 6명이 와 있었다.

술상이 시작되었고, 내가 술이 취했으니 주둥아리가 천방지축으로 떠들어대고 삿대질을 하면서 설쳐대니 이쯤 되면 술좌석은 완전히 아수라장이 되고 말았다.
그들은 나를 술에 만취케 해놓고 이때가 기회다 싶어 나를 마치 샌드백 치듯 두들겨 댔다. 나를 두들겨 패던 그들이 지쳐 마침내는 나의 목을 조르기 시작했다.
나는 순간 나를 죽이려는구나 생각되어 정신이 번쩍 났다. 나는 안간힘을 써서 도망치기로 결심했다. 그러나 마음은 앞서가는데 발길이 떨어지지 않았다. 너무 취해 있었다.
나는 타고날 때부터 황소목 같아서 아무리 힘센 사람도 마음대로 못 돌린다. 목을 조르던 사람도 제풀에 지쳐 버렸다. 목이 졸리어 숨이 넘어가려 하면 나는 살짝 목을 돌려 버리곤 했다. 나에게 목과 머리는 어느 누구에게도 자신이 있었다. 그만큼 힘이 있었다. 나는 그들로부터 폭행을 당하면서도 너희들 마음대로 때려라. 그렇지만 내 목에 칼이나 총만 대지 말아달라고 간절히 기원했다. 내 팔자는 매 맞는 팔자인지도 모른다. 어려서부터 맞기는 많이 했지만 단 한 번도 남을 때려 보지는 못했다.
목숨만 남기고 실컷 때리고 싶으면 때려라. 그러나 뒷날 나는 털털 털고 일어났다. 나는 악취미가 있는 것 같다. 아무리 매를 맞아도 싫어하지 않았다. 나는 이 속에서 수행을 했다. 인욕의 수행, 참는 것은 때리는 것보다 몇 배 더 어렵다.

나는 이 같은 참기 어려운 구타를 당했지만 그들을 욕하거나, 고소를 제기하거나 시비를 논하지 않았다.
일단 집으로 돌아오면 나는 모든 것을 비밀에 붙여 버렸다. 어느 누구에게도 나의 억울함을 하소연 하지 않았다. 이 같은 불행한 사건 속에서 나는 나를 스스로 배워 나갔다.
첫째, 인욕을 기르며 나의 존재를 재확인해 본다. 그리고는 나를 휴지처럼 꾸겨 던져버린다. 원망과 미워하는 마음이 마음에서 없어지면 마음이 편안해지고 세상이 모두 즐겁다. 이런 속에서 나는 지혜로 새 삶의 길을 찾아낸다. 또한 내가 갈 길을 찾아내기도 한다. 진실한 길을….
다음 날부터는 술을 너무 좋아해서는 아니 되겠다. 이대로 가다가는 제명대로 못살겠다. 나는 이대로 머물 수가 없다.
이렇듯 온갖 역경과 천대 받고 비난을 한몸에 받으면서도 오직 나의 길을 갈 뿐이다. 너무나 나의 주위를 의식하다가는 나의 길을 갈 수가 없다. 이 세상에 큰 뜻을 품고 이를 달성코자 할 때 순탄한 것이라곤 하나도 없다. 가시밭길을 걸어보지 않고는 깊은 진리를 체득할 수가 없는 것이다.
내가 수행하는 것은 지혜와 인욕과 공부와 용기, 복과 덕과 힘과 사랑, 이 모든 것 없이는 도저히 이룰 수가 없는 길이다.
나는 수행에 그림을 통해서 글씨와 시 같은 것을 함께 곁들여서

가고 있다. 내가 걷는 길은 전통에 완전히 도전해서 그 속에서 새로운 것을 찾아내는 힘한 길을 스스로 택한 것이다.

나는 전통을 파괴하기 위해서 파괴하는 것이 아니다. 새로운 것을 찾기 위해 파괴하는 것이다. 새로운 것을 찾아 새로운 표현을 통해서 전통의 맥을 이어가는 작업이다.

나의 오늘의 작업은 옛부터 몇 천년간 내려오는 필법을 기본으로 삼아서 출발한 것이다. 내가 걸어가는 길과 내 생활철학은 밑바탕이 없이는 결코 할 수 없는 작업이다. 다시 말하면 어찌 보면 역행 같기도 하고 퇴폐 같기도 하다. 이렇듯 나의 사상을 모르니 어찌할 도리가 없다. 나는 매일처럼 술과 담배로 나 자신을 달래며 이 세상을 헤엄쳐 간다.

불교에서 나를 파계승이다, 역적 같은 놈이라고 해댄다. 그러나 나는 그렇지 않다. 그들은 나의 깊은 뜻을 모른다. 따라서 악인연들이 계속 속출하는 것이다. 이를 어찌할 수가 없다. 다만 나는 기다리는 것이다. 때를 기다리며 나는 살아가는 것이다.

악연 속에서 좋은 인연의 씨를 심는다는 것은 첫째 인욕과 지혜가 없이는 절대로 견디어 낼 수가 없다. 마음을 마음대로 쓸 수만 있다면 인간의 운명을 완전히 바꾸어 낼 수도 있다. 운명을 마음대로 바꿀 수도 있다. 수행만 잘하면 얼마든지 된다.

사람은 여유를 가져야 한다. 절대 악연을 나쁘다고만 몰아세우거나 악연을 통해서 좋은 인연을 볼 수 있는 눈이 생기는 것이다. 이것이 바로 지혜 있는 사람의 눈이요, 마음을 잘 쓰는 사람이라고 한다.

내가 몇 차례에 걸쳐 테러를 당한 사건은 조계종은 물론 세상이 다 아는 일이다. 심지어는 혁명정부에서 중광놈은 이 시대의 퇴폐풍조왕이며 공동품 재벌이란 엄청난 죄명을 뒤집어 씌어 잡아넣으라고 어떤 착한 사람이 진정을 올려 몇 번 나를 체포하러 우리 절에 왔다. 그때 나는 미국에서 전시기간 중이었다. 참으로 비열한 짓이다.

이 세상에 비밀이란 절대로 없다. 내 입을 통해서 나오시 잃더라도 바람과 벽을 통해서 젓갈을 통해서, 물을 통해서 녹음기처럼 흘러나온다.

노스님은 내가 테러를 당했다는 것을 어느새 알고 계셨다. 그러시면서도 말씀은 한마디도 하시지 않고 나의 눈치만 보고 계셨다. 내 입에서는 어떤 소리도 없었으니까. 노스님은 혼자서 노발대발이셨다. 마침내 노스님은 이 사건으로 해서 병에 걸려 오래 고생을 하셨다.

"노스님, 세상은 간단한 것이 아닙니다. 이것 저것 다 거치고 죽을 때까지 배우다가 우리는 가는 것입니다. 크게 아는 것은 죽는 그날에 세상을 알고 그날 끝이 나는 것입니다. 나는 그들로부터 폭행을 당할 때마다 배우며 깨달은 바가 큽니다. 나는 공부를 더 합니다. 공부란 글에서만 하는 게 아닙니다. 노스님 참으십시오. 다음부터 이 같은 일이 없도록 조심하겠습니다. 용서해 주십시오."
 노스님은 웃으시면서 스탈린 굴뚝같은 놈이란 별명을 붙여 주셨습니다. 내 입에서는 어떤 비밀이나 불상사 같은 일이 나오지 않으니 말이다.

악인연 속에서 배우는 지혜는 인욕이 절대 필요합니다. 흔히들 그때 조금만 참았더라면 오늘에 와서 후회는 안했을 거라고 말한다. 아무리 술에 취했더라도 누가 하는 사람이 법문인 줄 어느 정도 안다. 매를 너무 많이 맞으면 정신이 없다.

인사동 술집 구타사건 당시 나는 명이 길어서 살아난 것이지 그 정도 맞았다면 여느 사람 같으면 참아내기 어려웠으리라. 나는 이들에게 미안하게 생각을 한다.

남을 때린 사람은 그날부터 죄인 의식을 갖고 지내게 되고, 매 맞은 사람은 비록 몸은 고통을 느끼지만 마음만은 편안하다. 그 당시 폭행으로 나는 한쪽 귀가 완전히 터져 버렸다. 다행히 한쪽 귀는 알아들을 수 있으니 다행이다.

그 후 나는 나를 구타한 사람들을 만날 수 있었다. 그러나 나는 전혀 모른체 해버렸다. 그날의 사건을 개들이 술을 퍼먹고 개지랄을 한 것인데 그때 그 일은 그 술집에서 끝난 일로서 새삼스레 거론할 필요가 없지 하고 가볍게 웃어넘겨 버렸다.
그로부터 몇 년이 흘렀다. 도둑이 제발이 저리듯 나를 구타한 장본인들이 내 앞에 나타나 죽을 죄를 지었다고 용서를 빌었다. 나는 그들에게 '나는 당신들을 원망해 본 적이 없고, 생각해 본 적도 없어요. 그때 벌써 잊어버렸어요. 그리고 나는 일체를 잊고 공부만 했지요'라고 말했다. 이처럼 원수를 맺지 않음은 내가 바라는 것이 절대 없어야 하고 마음이 허공과 같이 텅텅 비어 버려야 한다.
사람은 죽을 때까지 몇 번 변하며 자란다. 그리고 늙는다. 참회하며 사랑하며 용서하며, 수백 번 변하며 고쳐 가며 죽어간다. 사람은 기다리며 살줄 아는 여유가 있어야 한다. 깊은 생활철학과 이 강산에 깊숙한 지혜의 골짜기를 만들며 살아야 하는 것이다.
나는 지금껏 살아오면서 단 한 사람과도 원수를 진 적이 없다. 오늘에 와서 나를 죽어라 하고 두들겨 댔던 사람들과 더욱 가까이 지내고 있다. 아, 이제는 모든 것이 즐겁다. 모든 일을 참고 살면 즐겁다. 참다가 죽어도 좋다. 왜냐하면 바라는 것이 없기 때문이다. 남에게 매맞는 힘은 남을 때리는 것보다 몇배 더 강해야 한다. 그러므로 약하다고 절대로 깔보지 말라. 이런 지혜는 한국 사람에겐 없다 해도 틀린 말이 아니다. 생각하는 것이 접시같이 얇은 사람이 많다. 감정만 앞세우고 말이다. 약한 사람은 비굴하거나 간사하거나 비겁하거나 어느 쪽에서나 놀아난다. 그리고 강인한 정신과 지혜 있는 사람은 그리 많지가 않다.

요즘 보면 남녀간에 너무 계산적이고 타산적이며 생각들이 하나같이 꼭 같다. 깊은 맛을 찾아볼 수 없다. 달면 양잿물이라도 먹을 것 같고, 쓰면 사정없이 뱉어버린다. 그리고 모든 일을 깊고 넓게 보려 들지 않는다. 또한 여유가 없다. 돌이켜 보는 회심(回心)도 없다. 돌아보는 회심은 좋은 것이다. 참회를 하고 고칠 시간이 넉넉하기 때문이다. 이와 같은 것들은 기다려 사는 정신에서 나오는 것이다.

큰일이 났다. 나라에서 큰 일을 할 때 보면 내 후손들을 위해서 산을 깎고 닦아서 잘 다듬어 주춧돌을 놓아주는 여유가 우리에겐 아쉬움을 느끼게 한다. 내가 하지 않으면 안된다, 이 일은 반드시 내가 해야 한다, 지금 당장 해야 한다.

이 같은 아집과 편견, 졸견 때문에 번번이 역사에 오점을 남기는 것이다. 모든 일에 자연스럽고 현명하게, 그리고 치밀하게, 풍자와 해학이 없다. 기다리는 정신이 없다. 큰 일이 날 수밖에 없다.

1984년 6월 어느 날 감로암에서 나는 일찍 일어나서 집 주위를 돌아보았다.

돌아보니 감로암 뒷방 옆에 처마 밑 상자들이 쌓여 있었는데 나는 상자 속을 무심히 들여다보고 싶어서 열어 보았는데 노란 고양이가 머리 부분만 남기고 몸뚱이 전체가 완전히 벌거벗겨지고 피투성이가 되어 차마 눈뜨고 볼 수가 없었다.
고양이는 어디서 혼이 나서 도망 와 죽기 직전 혼수상태였다. 너무나 비참하고 징그러워서 차마 볼 수가 없었다. 아마 누군가 뜨거운 물을 가지고 둘러 씌워버린 모양이다.
 나는 나무아미타불 나무아미타불 나무아미타불을 염불해 주면서 노스님을 찾아 이 같은 일을 말씀 올렸다.
 나는 노스님에게 이 고양이가 생명이 위급하니 병원으로 후송하자고 의논을 드렸다. 스님이 가만히 있으라고 하더니 악방에 가서 마이신 약을 사왔다. 약을 칠해 주고 먹을 것을 주었더니 이틀 후에 먹기 시작했다. 노스님과 같이 염불하며 간호해 주었다. 우선 생명을 구했다. 크게 보람을 느꼈다. 우리 집은 큰 즐거움이었다. 고양이가 살아났으니 말이다.
치료하다 보니 2주일이 지났다. 고양이와 차츰차츰 친해졌다. 얼마 후부터는 고양이가 걷기 시작했다. 눈치를 보아 하니 어디론가 떠날 차비를 하는 눈치가 보였다.
노스님과 나는 먹을 것을 잘 주어 회복시켜 주었더니 하루아침에 우리들이 보는 앞에서 총총 걸어서 문밖으로 나갔다. 뒤를 돌아보면서 말이다.

이 고양이는 나에게 무엇을 말해 주며 갔다. 나는 모른다. 나는 이 고양이처럼 세월을 뒤에 두고 총총 걸어서 갈 것이다. 이왕 말이 나온 김에 더해야 하겠다.

나는 어릴 때 고기잡이 낚시대장이었다. 시간만 있으면 낚시질을 갔다. 낚시를 가면 밥맛이 우선 좋고 몸과 정신이 건강해진다. 고기를 잡아 매운탕에 소주 한잔은 일품 중의 일품이었다. 그런데 어느 날 문제가 생겼다.

낚시질을 하다 보면 고기가 낚시를 완전히 삼켜 창자에 까지 걸려서 나올 때가 있다. 창자에 걸린 낚시를 빼어 낸다는 것은 마치 내 창자를 도려내는 것과 같았다. 이전에도 이런 일이 있었지만 오늘에 와서 더욱 더 아프게 느껴진다. 그래서 낚시대를 꺾어버리고 낚시질을 그만두고 이런 일이 한 두번이 아닌데 때가 되니 참회하는 마음과 자비의 눈이 떴다.

이런 인연도 시절이 도래, 인연이 되어야 틀림없이 되는 것이다. 그래서 낚시질 하는 곳도 가지 않았다. 지금도 불교에서 식물에서부터 동물에 까지 생명을 자기 생명처럼 아끼고 귀하게 여기는 것을 볼 때 너무나 존경이 간다.

불교는 대종교이다. 대자대비한 종교이다. 좋은 생각과 사랑은 말하기는 쉽지만 몸소 실천하기란 어렵다.

불교의 설화 중에서 하루는 여러 스님들이 봄에 산으로 고사리를 꺾으러 갔는데 딴 스님들은 고사리를 한바구니씩 꺾어 왔는데 어린 사미스님은 빈 바구니만 가지고 돌아왔다.

큰스님께서는 어찌하여 사미는 빈 바구니만 가지고 왔느냐고 물었다. 사미스님 대답이 고사리를 꺾으려 하니 고사리가 울면서 아프다고 해서 못꺾었습니다 라고 했다.

나는 이 말을 듣고 생명이여, 깊이 깨달음을 주는 법문이었다. 이런 착한 마음씨는 불연(佛緣)의 씨를 가지고 일찌기 깨달은 최상의 인연의 씨를 가지고 태어난 것이다.

이런 일은 전생에서 많이 닦은 선근(善根)을 가지고 태어난 것이다.

중광 수행일기 · 4

한잔 술에 이 지구를 바꿔 먹고

1968~69년, 그 사이에서부터 나는 이 세상 사는 것 자체를 결제로 삼고 '이 몸의 인연이 다하면'이란 해제의 제목을 가지고 정진하면서 해인사, 통도사, 선암사, 동화사, 상원사, 봉정암, 봉암사, 선암사 등을 중심으로 산과 시내, 요정, 시장, 여행 등 어느 곳에도 집착하지 않고 절을 돌아다니면서 인연에 따라 공부했다.

꼭 도를 이루어야겠다는 일념으로 가득 차서 한 것도 아니고 생사 문제를 해결해야 한다는 생각은 더더구나 꿈에도 상상하지 못했다. 이때부터 사문의 계(戒)는 완전히 버리고 지금까지 배운 이론 또한 모두 버리려고 발버둥쳤다. 행동에서나 말로나 사문이란 명자를 인간이란 명자로 완전히 버리려고 노력하면서 버리기 시작하자 역시 오래 머무는 것은 없었다.

글자 그대로 행운유수(行雲流水), 유유자적(悠悠自適)으로 임의대로 맡겨둔 채 살았다. 말 그대로 방랑생활이며 반은 미친 듯, 반은 성한 듯 내 멋대로 사는 생활이면서도 나대로 공부할 것을 설정했다.

 1. 탐심을 버려라.
 2. 재물을 지니지 말라.
 3. 여자를 거느리지 말라.
 4. 생사를 면하고자 하는 병든 생각을 갖지 말라.

5. 자신을 발견하며 자신을 책임지고 살아라.
6. 남의 말을 하지 말고 자기 일에만 충실하라.
7. 성의를 다하라. 무엇이든 자기 일에 끝까지 정진하라.

하나만 통하면 만법(萬法)이 틀림없이 통한다. 나는 대구 동화사를 왔다 갔다 하면서 대구의 술집, 여관을 전전하며 끊임없이 공부했다. 대구의 동화사를 주로 해서 3년을 살면서 그곳의 산들은 안 간 곳이 없을 정도로 누비고 다녔다.
이느 날 눈이 먼 돈이 내게로 굴러들어 왔다. 돈이 생기자 그놈의 돈이 호주머니 속이 답답하다며 뛰어 나가려고 나를 유혹한다. 돈이 나에게 하는 말이 여관에 가서 공주님들을 모시고 싶다고 한다. 제기랄 역시 돈이란 요사스러워서 이렇게 말이 많다. 그래서 나는 돈에 놀아나는 것이다.
정말 돈을 보자 어깨가 욱씬거리고 발이 오동오동거리고 역전 앞 향촌동에 내가 잘 알고 있는 여관으로 갔다. 거기서 아이에게 공주님을 모셔오라고 시켰더니, 그때 시간이 저녁 9시였는데 1시간 내에 공주님들을 모시고 왔다.
그 중에 내가 아는 공주도 더러 있었다. 나는 공주들에게 오늘밤 함께 술 한잔씩 걸치고 노래 부르며 춤추며 놀고 싶다는 내 의향을 말하자 말이 떨어지기 무섭게 좋다는 응답이다. 그러면서 현금부터 내고 놀자며 손부터 내민다.

돈이 아가씨들 앞으로 슬슬 나가기 시작하자 그 돈이란 게 무엇인지 금방 아가씨들의 얼굴이 환해지며 싱글벙글이다.

드디어 밥상이며 술상이 들어오고 배갈과 소주, 맥주가 들어오자 방안은 온통 웃음꽃으로 가득 찬 그야말로 천자만홍으로 흐트러지게 핀 듯했다. 서로 인사를 나누면서 이름과 고향은 묻지 말자고 했더니 모두들 좋다며 대찬성이다.

숟가락으로 통과 방망이를 치며 오늘 밤이 지나면 다시 놀 수 없다는 듯이 끝내주게 놀자, 방도 8개나 마련되었으니 무엇이 걱정이냐며 박수치면서 춤추고 노래하며.....

나이가 가장 많은 여자는 고부인, 둘째 부인은 창부인, 셋째는 율부인, 넷째는 중부인, 다섯째는 광부인, 여섯째는 대부인, 일곱째는 구부인, 여덟째는 팔부인, 이름을 지은 작명자는 고창율 중광대구 팔부인, 8번째 해석하면 대구에서 고창율 중광 8부인이란 뜻이된다.

이름 작법에 이의가 있습니까, 없습니까? 하고 물었더니 무조건 좋다고 박수를 친다. 그래서 숟가락으로 방망이를 세 번 치고는 통과시켰다. 오늘밤의 놀이에 명제를 붙였는데,

1. 재미있게 노래하며 실컷 놀것.
2. 남녀간의 사랑이란 무엇인가?

3. 연애 경험담과 기생들은 남자를 어떻게 생각하나?
4. 선이란 무엇인가 10분간 좌선하라.
5. 숲속을 드나들 듯 방마다 자유스럽게 들어가 노는 것도 자유.
6. 옷은 다 벗고 놀되 시간이 되어서 갈 사람은 가기로 하자.

이것 또한 만장일치로 통과되었다. 이렇게 이틀을 재미있게, 말로 표현할 수 없는 멋진 세미나를 여관에서 가졌다.
나는 그 이틀간의 놀이에서 비록 시간은 짧았지만 참 많은 것을 배웠고 깨달았다. 생활은 삶의 밑바닥을 전전하는 그들이었지만 인간 본연의 진실함과 순수성 등 참으로 많은 것을 배웠고 깨달았다. 어둠이 내리면 큰 나뭇가지에 새들이 모여 와 밤을 지내고는 밝은 햇살을 안고 동이 터오면, 둥우리를 떠나 어디론가 날아가듯, 서로가 밤을 하얗게 밝히면서 그렇게 잘 놀았지만 다들 제 갈길로 가버렸다. 바로 그것이 우리의 삶인 인생이란 것이겠지만 모두들 어딘지는 모르지만 제 갈길을 찾아서 떠나갔다.
가는 길 골목 골목에 한많은 설움, 눈물, 가난, 허영, 욕망, 그 모든 것들을 직접 체험하고 부딪치며, 망망대해의 돛단배처럼 자신의 인생 항로에 항해자가 되어서 우리 모두는 가는 것이다.
한바탕 놀이가 끝나고 제자리로 돌아왔을 때 내 호주머니에 담겨있던 돈들과 그들까지도 역시 제 갈길을 다 가버리고 나에게 남아 있는 돈은 단 한푼도 없었다.
나는 손을 탈탈 털고는,

 한잔 술에 이 지구를
 바꿔 먹고
 흘러가는 구름타고
 누더기 걸쳐 입고
 오늘은 동가숙
 내일은 서가식
 호주머니 털어도 털어도
 먼지 뿐이다.

중광 수행일기 · 5

잠깐 만난 괴로운 인연

지리산을 떠난 뒤 강원도 상원사로 가기 전에 나는 광양 백운산에서 몇 개월을 지냈다. 다시 진주 의곡사로 가서 차비를 얻어 가지고 서울로 왔다. 서울에 오면 성북동의 정법사가 나의 정거장이었다. 전에 정법사에서 살았기 때문이다.

정법사에서 며칠 머물고 바로 강원도 상원사로 갔다. 상원사 중대에서 100일간 묵언기도를 하기로 했다. 낮에만 마지를 올려 적멸보궁에서 참배하며 정진 기도를 하고 있었다. 그러나 정신이 통일되지 않고 자꾸만 흐트러졌다. 지리산 골짜기 생각뿐이다.

삼단머리를 치렁치렁 땋아 내리고 선녀같이 살아가던 처녀들의 모습이 어른거렸다. 처음엔 그러한 생각들 때문에 괴로움을 겪었지만 날이 갈수록 점차 헤어나올 수가 있었다.

한달쯤 지났을 때였다. 신도들과 비구니 스님들이 기도하러 왔다. 그들을 보니 반가웠다. 시간나는 대로 그 보살님들과 비구니 스님들과 대화를 가졌다. 가끔 우스개소리도 해서 배꼽을 잡고 한바탕 웃기도 했다.

우리들이 모이면 내 자작시를 낭송할 때도 있었다. 이러다 보니 기도를 오신 분들과 나날이 친숙해졌다. 그중에는 부산에 산다는 여대생도 끼어 있었다.

그녀는 나에게 호감을 갖고 있는 것 같았다. 나는 젊은 여자들 앞에서는 특히 신바람이 난다. 어디서 나오는지 힘이 솟는다. 그 여대생과 나는 기도보다는 서로 만나는 일에 점점 빠져들기 시작했다. 중대에 갈 때나 올 때는 꼭 손을 잡고 다녔다. 맞잡은 손과 손은 뜨거웠다. 세상이 온통 즐거움으로 충만한 느낌이었다.

남들의 눈을 피해 만난다는 것은 묘한 쾌감을 더해 준다. 이와 같은 것이 세상에 둘이나 셋이 있다면 이 세상 역사는 달라질 것이다. 이 세상이 멸망했거나 매일 싸움이거나 했을 것이다.

우리들은 점점 깊이 빠져 들어갔다. 우리는 사람의 눈을 피하기 위해 숲속에서 만났다. 아무도 모르는 곳에 안락한 보금자리를 만들었다. 이런저런 얘기를 하는데 나는 숨이 가빠졌다. 그녀의 손을 살짝 잡아당겼더니 얼굴이 내 가슴을 파고 들어왔.

몇 년 동안 참았던 금욕의 사슬이 일시에 끊어지는 순간이었다. 지리산 토굴생활 때부터 참아왔던 것을 그 여자에게 몽당 바쳐 버렸다. 깔 것이 없어서 입고 있던 가사를 벗어 펼쳐 깔았다. 그때까지 지니고 있던 나의 계율은 잠시 나뭇가지에 걸어 놓고 입으로, 밑으로 밀약의 계약을 맺었다. 그리고는 재빨리 중대로 돌아왔다. 우리들이 만나는 것을 아는 사람은 아무도 없었다. 이후로도 우리는 여러 번 숲속에서 만났다.

나중에 그녀는 결혼을 하자고 했다. 나는 좋다고 했다. 그녀는 떠나기 전에 나에게 집주소와 전화번호를 가르쳐 주었다. 일주일 뒤 그녀 일행은 일정을 마치고 떠났다.

그녀가 떠난 뒤 나는 며칠 동안 아무 일도 할 수 없었다. 가부좌를 틀고 앉아도 온통 그녀 생각뿐이었다.

밤에는 그 여자의 가슴속에서 잠들었다. 기도고 수행이고 될 턱이 없었다. 석달 열흘 작정한 정진을 한달만에 파하고 차비를 얻어 부산으로 내려갔다. 부산의 금정사에서 머물렀다.

그 여자에게 전화했더니 학교에 갔다고 했다. 강원도에서 온 스님이라고 하니 전화를 받던 그녀의 어머니가 반가워했다. 저녁에 다시 전화해도 되겠느냐고 물었더니 쾌히 승낙했다.

저녁을 기다려 전화를 했는데 그녀가 받았다. 그렇게 반가워 할 수가 없었다. 그 아가씨 집이 온천장이었는데 쉽게 만날 수 있었다.

그날 밤 이후로 자주 보게 됐는데, 그 아가씨는 부산대학에 재학 중이었다. 학교를 가려면 금정사를 지나지 않고는 갈 길이 따로 없는데, 아침 7시 30분만 되면 나는 절 앞 길목에 나가 있다가 그 아가씨와 잠깐 이야기를 하고는 각자 할 일자리로 돌아가곤 하는 일을 비가 오나 눈이 오나 변함없이 그 시간 그 자리를 꼭 지키며 만나곤 했다.

나 역시 절에 있는 몸이라 돈이 없는건 당연지사고, 그 녀 또한 학생이니 두말하면 잔소리일 뿐, 그런 사정으로 해서 우리는 주로 숲속에서 만났다. 숲속마저도 부득이 할 경우에는 화장실 속에서까지도 망설이지 않고 만났다. 이렇게 만나는 것이 어찌나 맛이 있고 즐겁고 행복했는지 죽었다 깨어나도 못 잊을 것이다.

그 아가씨는 문학에 조예가 깊은 문학소녀였는데 나도 문학이라면 남들에게 뒤지지 않을 만큼의 일가견을 가지고 있었다. 시나 글을 둘 다 조금씩 쓰는 정도였는데 서로 교환해 보곤 해도 내 것이 그녀보다는 월등했다.

그런 생활로 1년 동안을 만나다보니 미운정 고운정 없는 정까지도 들대로 들었는데, 그녀가 우리 고향에도 가서 일가친척들에게 인사도 드리고 만나 뵙자는 것이었다. 이 말에 내 눈앞이 캄캄했다. 우리 집은 찌그러진 가난 속일 뿐이고 고향에는 도둑놈으로 등록되다시피 파다하게들 알고 있으니 내가 제주 집에를 가면 장가가 다 무어냐, 당장 이놈 나가라고 야단칠 것이 뻔하니 별수가 없었다. 그 문제로 고민은 또 시작되고 결혼문제만은 도저히 현실적으로 어떻게 해결할 방법이 없었다. 그녀도 좋은 것만 알았지 세상사는 모르고 있었다. 나와 비슷했다.

그녀는 대학 졸업반이었다. 나는 크게 고민했다. 세상에 나가서 살고 싶지도 않았고 그럴 용기도 없었다. 중질을 계속 해야 하겠는데 믿음보다 사랑의 힘이 더 강했다. 그녀의 모습을 가슴속에 품고 사는 것이 내 신앙의 전부였다. 나는 결심을 굳게 하고 내 사정을 다 고백했다. 결혼은 현실적으로 불가능하다고. 그렇게 말을 하자, 그러면 자기도 중이 되겠다는 것이었다.
나는 달랬다. 이제는 서로 친구로 생각하고 불장난은 그만 두자고 용단을 내렸더니 그때는 못살 것처럼 하더니 세월이 흐른 뒤 우연히 소식을 들었는데 시집가서 잘 살고 있다고 한다.
서로 맺어지지도 못할 것을 자꾸 만나 괴로움의 상처를 되새김질 하느니 보지 않으면 잊어지리라는 생각에서 오직 선공부에만 전념했다. 나는 그 사랑의 파문에서 헤어나는데 오래고 긴 시간을 번뇌의 늪에서 방황해야 했다.
그 괴로움을 하나의 사랑의 시로 승화시켰다.

불러도 불러도 끝없는 메아리어라
님은 가고 님은 가고 님은 가고
가슴속에 타도 타도 타는 마음
주지도 받지도 못하여라
님은 가고 님은 가고 님은 가고
님이 가시는 길 부디 복되고 밝으소서
님은 가고 님은 가고 님은 가고.

중광 수행일기 · 6

지리산에서(1964~1966)

나는 산과 바다와 수석이 좋은 냇가를 무척 좋아 한다. 설악산의 내설악도 좋아하지만 지리산과 한라산도 무척 좋아 한다. 그래서 나는 산에 대한 시를 많이 썼다.
몇 년 후엔 산에 대한 시만 모아 발표할 생각으로 있다. 특히 설악산과 지리산 일대를 돌며 얻어먹으면서 써둔 일기도 많다. 곰이 많다는 지리산 백송사에서 천왕봉 쪽 골짜기로 올라가면 굿골 토굴이 있다. 그곳에다 살림을 차렸다.
몸뚱이엔 겨울 옷과 여름 옷이 한데 섞여 5벌쯤 걸치고 양말도 다섯결레나 신었다. 누가 주면 주는대로 껴입었더니 그렇게 되었던 것이다. 몸뚱이가 그대로 창고요, 가방이다. 음식은 순 보리밥에 감자, 소금, 된장이면 최상이었다.
나는 통도사에 있을 때 계율에 대하여 철저히 배우고 익혔기 때문에 토굴생활도 엄격히 지켰다. 옷을 한번 입으면 1년, 2년, 3년을 그대로 입고 다녔다. 비오는 날 비를 실컷 맞으며 한참 걷고 나면 빗물에 옷이 세탁이 다 된다. 땟물이 쪽 밑으로 빠져 내려 아래쪽에 때가 몰린다. 옷이 마른 뒤에 손으로 살살 비비면 때는 다 빠진다.
나는 선방(禪房)보다 산과 길을 걸으면서 비가 오면 비도 맞으면서 공부하는 것이 미치도록 좋았다. 그래서 한곳에 여러 날 머무르지 않았다. 가진 것이라곤 걸치고 있는 옷과 입 하나 뿐이었다. 먹어야 하므로 입은 절대 중요하다. 밑의 물건은 있으나마나다. 계란 자물쇠를 채워 놓고 막대기로 젓갈 만들어 잡고 변을 보는 정도니까. 지리산 천왕봉, 제석령, 반야봉을 중심으로 골짜기마다 내 발이 안 닿은 곳이 없다.

지리산은 우리나라 산중에서도 명산(名山)이고, 덕산(德山)이고 깊이가 있는 산이다. 나는 완전히 지리산이 되어 버렸다. 지리산 곰이 되었다. 그래서 지리산 깊이 있는 길의 이치를 몸으로 체득하게 된 것이다.

이 산에 들어가기 전에 나는 매우 날카롭고 계율에 얽혀 살았었다. 말하자면 둥글하지 못하고 모나 있었다. 대단히 모가 나 있었다. 눈꼽만큼이라도 불의는 보고 참지를 못했다. 이것은 수양이 덜 되었기 때문이었다. 용서할 줄 모르고 아량이 없었다.

지리산은 장마가 되면 골짜기마다 물이다. 특히 물살이 매우 **빨랐다**. 굿골 토굴과 이어지는 골짜기는 특히 깊고 물살도 더 세었다. 장마철의 어느 날, 비를 맞으며 식량을 구하러 내려가고 있었다. 장을 보고 산골 자기 마을로 돌아가던 아주머니 세분이 징검다리 앞에서 건너지를 못하고 스님, 스님! 하며 나를 불렀다. 손을 잡아 건너는 것을 좀 도와 달라는 것이었다.

나는 계율을 지키기 위해 응하지 않았다. 하지만 다급해진 아낙네들이 스님! 스님! 자꾸 부르며 도와달라고 소리쳤다. 그래서 나는 막대기를 하나 구해서 아낙네들 보고 그것을 잡으라고 했다.

음식에 계란만 보아도 못 먹는 것이 아니고 몸이 깜짝 놀랄 때였다. 영화를 본다든지 붓을 들고 글씨만 써도 중이 아니고 운동화를 신고 다녀도 중의 도리를 벗어난다고 철저하게 통도사에서 익혔으니 말이다.

먹는 것도 계율을 벗어나지 않도록 했다. 보리밥과 감자에 반찬은 깨소금이 전부인 경우가 보통인데 그 맛은 기가 막혔다.

내가 공부하는 화두는 시심마(是甚磨)였다. 이 무엇인고 마음이란 놈. 나는 이 화두 방망이를 가지고 곰같이 밀고 다녔다. 그러나 화두에만 골몰하고 있지는 않았다. 그대로 산짐승처럼 야수가 되어서 순수하게 살고 싶은 것뿐이었다.

먹을 것이 떨어지면 주린 배를 그대로 안고 돌아다녔다. 그래도 몸은 대단히 건강했다. 건강하여 무엇이든지 삼키기만 하면 소화가 되었다. 밥이라면 몇 그릇이라도 소화해 낼 자신이 있었지만 밥을 구할 수가 없었다.

산중 생활에 전혀 필요치 않은 것은 돈이었다. 구할 수도 없지만 있다 해도 전혀 쓸모가 없었다. 머리도 마냥 자라 봉두난발인채

어쩌다 가위라도 얻어서 쥐 파먹은 것처럼 자르고 다녔으니 고슴도치 같았을 게다.

하루는 그런 차림새로 비구니 암자에 먹을 것을 얻으러 갔다가 미친놈 취급만 받았다. 나를 본 비구니들이 혼비백산 달아나고 말았다. 그래서 머리를 깎으려고 어느 암자에서 삭도를 쳤으나 어찌나 아프게 깎던지 깎다 말고 뛰쳐나온 채 그냥 그대로 다녔다.

굿골 토굴을 거주지로 하여 그렇게 3년을 살았다. 여름 장마가 심할 때는 토굴 밖으로 나갈 수가 없어서 거의 굶다시피 했다. 반찬은 생각할 수도 없고 고작 요기할 수 있는 것이라곤 보리쌀 몇 줌과 콩 정도였는데 그것들을 물에 불려 생식을 했다.

생식에는 보리쌀보다 콩이 더 좋은 것 같다. 간신히 요기하면서 참선을 하노라 했지만 참선을 한 것인지 안한 것인지 모를 정도였다. 원숭이 흉내내는 짓과 다름이 없을 뿐이었다.

초발심에서 채근목피하라는 글을 배웠으니 굶주린 배 참으며 견딜 수 있을 때까지 견디는 수밖에 다른 방도는 없었다. 이렇게 살다보니 나중엔 그런 생활방식도 몸에 배었다.

지루한 장마가 계속되던 어느 날, 불현듯 곁에 있던 소종을 치고 싶었다. 종 망치를 들고는 밤새껏 종을 치면서 지장보살을 불렀다. 3일간을 밤낮없이 염불을 하자 답답했던 마음이 맑게 개이고 극도로 즐거운 기분에 빠질 수 있었다. 전혀 피곤함을 느끼지 못했다. 그때의 기분은 천상극락에 올라간 기분이었다.

다시 며칠이 지났다. 이제는 생보리쌀도 날콩도 없었다. 참을 수 없을 만큼 배가 고파서 마을로 내려가기로 작정했다. 그러나 억수같이 쏟아지는 빗줄기는 더욱 거세지기만 했다. 골짜기는 물바다를 이루어 징검다리의 자취가 사라진 지도 오래였다.

보기 드문 큰 홍수를 만난 것이다. 그래도 이 골짜기를 벗어나는 길은 물을 건너는 방법 밖에 없었다. 어려서부터 헤엄치는 데는 단련이 되어 있었으므로 헤엄쳐서 건너기로 마음먹었다. 일단 건너 갈 방향을 정하고 상류 쪽으로 50미터쯤 더 올라가 물의 흐름을 이용하기로 했다.

군대에 있을 때 이와 비슷한 훈련을 강화 바다에서 여러 번 해보았기 때문에 자신이 있었다. 드디어 물속으로 뛰어들었다. 그런데 뛰어든지 얼마 되지 않아 물에 잠긴 바위에 몸이 부딪쳤다. 큰일이다 싶었다.

부딪치는 순간 머리에 묶었던 옷가지는 떨어져 나가 버리고 몸은 몸대로 떠밀려 내려갔다. 산골짜기의 급류여서인지 물속이 바위 투성이었다. 이러다간 바위에 부딪쳐 죽을 것만 같았다. 그러나 달리 손을 써볼 방도가 전혀 없었다.

처음 계산하고 물에 뛰어들 때와는 상황이 완전히 달랐다. 물살에 몸을 내맡긴 채 떠내려가다가 바위들이 많이 몰려 있는 곳에서 갑자기 몸을 돌려 가까스로 더 이상은 급류에 휘말리지 않게 되었다. 바위에 몸을 맡기고 한참동안 기진맥진한 몸을 쉬었다가 기어 나왔다. 이때 나는 아무리 급한 일에 부닥치더라도 급한 마음을 갖지 말자라는 생각을 절실하게 체험했다.

간신히 건너와서 보니 팔, 다리, 무릎마다 멍이 들었다. 다행히 머리는 다치지 않았다. 머리를 다쳤다면 영락없이 물귀신이 되었을 것이다. 걸치고 있던 팬티까지 몽땅 벗겨져 떠내려갔다.

옷을 다 잃어버렸으니 할 수 없이 벽송사를 가야 했다. 거기서 벽송사까지는 걸어서 40분쯤 걸렸다. 우선 아랫도리라도 가려야겠는데 마땅한 것이 없었다. 그래서 넓은 나무 잎사귀를 따서 칡넝쿨로 엮어 원시인처럼 허리에 둘렀더니 안성마춤이었다.

그런 차림으로 걸어가던 중 허수아비가 다 떨어진 옷을 입고 논 가운데 서있는 것을 발견했다. 계율상으로는 안될 일이지만 나는 논 속으로 들어가 허수아비의 옷을 벗겼다. 그런대로 윗도리가 되었다. 밀짚모자도 덮어 썼다.

비실비실 걸어서 벽송사에 도착하니 이미 해가 기운 뒤였다. 주지스님이 내 꼴을 보고 깜짝 놀라시며 어떻게 된 영문이냐고 물었다. 자초지종을 말씀드렸더니 그곳은 급류도 급류지만 원체 바위가 많아서 대단히 위험한 곳이라고 하시며 어쨌든 살아서 돌아온 나에게 천만다행이라고 위안을 주셨다.

해마다 장마철에 그곳을 건너려던 사람들이 거의 예외없이 죽어 갔다고 하셨다. 내가 그곳을 건너기 전에 사흘 밤낮을 지장보살께 염불을 드렸더니 지장보살께서 염라대왕에게 가는 것을 연기해 주셨나보다고 생각되었다.

주지스님도, '무슨 기도든지 열심히 하면 영험이 반드시 있단 말이야. 당신도 지장보살 덕을 보았어'라고 내 생각과 같은 말씀을 해주셨다.

주지스님은 옷가지를 갖다 주시고 이젠 토굴생활 그만 하고 벽송사에서 지내라고 권유하셨다. 주리고 다친 몸도 쉴겸 스님의 말씀을 듣기로 했다. 마침 부전스님도 없고 하니 불공도 드리라는 것이었다. 그 소리를 들으니 마른 하늘에 천둥 번개치는 소리를 들은 것 같았다.

나는 염불을 모른다. 천수경도 입안에서만 왔다갔다 할뿐 끝을 맺지 못하는 처지라 눈앞이 캄캄했다. 중질을 혼자 하는 척 하는 놈인데 거절할 수도 없어서 더욱 난감했다. 그렇게 전전긍긍하던 차에 불공을 드릴 기회가 왔다.

보살님이 마지를 올렸다. 나는 가사 장삼을 걸치고 법당으로 들어섰다. 보살님이 옆에 있고 나는 천수를 치는데 끝이 안났다. 천수가 왔다갔다하니까 끝없이 반복만 될 뿐이었다. 용기를 내서 적당한 부분에 이르러 천수를 끝냈다.

등허리에서는 땀이 바짝바짝 났다. 보살님 보고 절을 많이 하라고 했다. 절을 하도록 시키고 '이연선사' 발원문을 외웠다. 이것을 두어 번 외우고 나니 시간이 꽤 지났다. 그날 불공을 드리러 온 보살님은, 월남에 파병된 손자의 생일을 맞이해서 불공으로 축원을 드리는 것이었다. 나는 입에서 나오는 대로, 온갖 좋은 말만 골라 축원을 드렸다. '관음정근'을 끝으로 불공은 끝났다.

이튿날 차비를 얻어 지리산을 떠났다. 통도사에서의 행자 시절과 지리산에서의 토굴생활은 나에게 많은 공부를 하게 해준 것 같다. 돌아올 기약없이 지리산을 떠났지만 꼭 다시 와서 공부하고 싶었다. 지리산 깊은 골짜기에 가면 상두 들고 갓 쓴 영감들이 많았다. 조상들의 모습을 그대로 간직한 그들의 모습에서 옛날 한국 모습을 볼 수가 있었다.

특히 처녀들은 엉덩이까지 내려오는 머리에 댕기를 드리우고 다녔다. 처녀 냄새가 물씬 물씬 나는 그들의 모습이 생각날 때는 항상 댕기가 먼저 떠올랐다.

마음이 흔들릴 때는 '나는 중, 나는 중'하고 속으로 외치면서 스스로 견책했다. 지리산 깊은 골짜기에 세상 때를 조금도 묻히지 않고 사는 사람들을 만나면 이곳에서 파계해서 촌처녀에게 장가들어서 지난 세월 다 묻어두고 살고 싶은 생각이 강렬하게 치솟아오른다.

이러한 욕망은 그때마다 나에게 심한 번민에 빠뜨렸다. 수도중엔 마(魔)가 많다. 나는 사문, 나는 사문하며 속으로 몇 번이고 다짐하면서 인욕(忍辱)했다.

지리산을 떠나며 다음 행선지로는 강원도 상원사 적멸보궁으로 정했다.

   지리산을 떠나면서

가면 오고 오면 가고
오고가고 기약이 없으니
가다가 바랑 부려 멈춘 곳이
내집일러라

나면 죽고 죽고 나고
죽을 곳은 내 알바 아니니
살다가 숨진 곳이
내 안락처이네.

중광 수행일기 · 7

땅속에 묻어 둔 돈

나는 어릴 때부터 돈과는 인연이 없었지만 지금도 돈과는 인연이 없다. 그래서 어차피 거지팔자인 나를 간파하고 일생을 그렇게 걸식 생활을 하다가 그치려고 생각하고 있다.

어쩌다 눈이 먼 돈이 내 호주머니로 일단 들어오면 그 시간부터 말이 많아진다. 어떻게든 다시 호주머니에서 빠져 나가려고 '소주 사러 갑니다, 담배 사러 갑니다, 여행갑니다, 여자 만나러 갑니다, 시장 보러 갑니다, 책 사러 갑니다…'등 이유를 붙이고 호주머니 속에서 발버둥 치며 춤을 춘다.

돈이 주머니 속에서 춤을 추면 나도 덩달아서 발이 오동동 오동동 하며 손은 주머니 속을 들락날락한다. 그래서 하고 싶은 대로 그냥 놔두면 꼴이 가관이다. 그래서 그런지 나는 일생동안 은행하고는 인연이 없었던 것 같다.

눈먼 돈이 요동을 치다가 다 빠져나가면 조금 있다가 또 귀 멀고 벙어리인 돈이 들어온다. 이 벙어리 돈은 말을 할 줄 몰라서인지 며칠간은 곤하게 호주머니 속에서 잠을 잔다. 그런데 이 돈도 얼마 못가서 벙어리 냉가슴 앓듯 끙끙거린다. 나는 곧 눈치를 채고 내보내 준다.

벙어리 돈은 술집에 가 앉으면 나올 줄을 모른다. 돈이 펄떡 뛰며 여자 젖가슴에 붙었다, 여자 밑 숲속에 갔다 왔다, 여자 입에 키스도 하고... 요란스럽다.
며칠간 요란스럽게 놀아 뿌리까지 쏙 뽑고 내 혼도 빼고 몸까지 절단 내고는 가버린다. 나도 집에 돌아오면 며칠간의 벙어리 돈 심부름 때문에 녹아떨어지지만 다시 일어나면 굳게 맹세를 한다.
 '돈과 여자 심부름 때문에 내 법당이 못견디겠으니 이젠 공부만 하자' 하고.
나에게 그나마 눈먼 돈, 귀머거리 돈, 벙어리 돈이 들어오는 것을 보면 그것도 팔자인 것 같다. 다시는 돈 안쓰겠다고 맹세하고 잊어버릴만 하면 돈이 춤을 추며 다시 들어와 나를 마냥 놀려 댄다. 한번은 돼지 목 같은 내 굵은 목에 카메라를 메고 여기저기 돌아다니는 꿈을 꾸었다. 꿈도 재미있어라. 실제로 나에게 돈을 주겠다는 사람에게 돼지 목에 카메라를 멘 그림을 그려 주었더니 30만 원이 들어왔다. 그래서 여기다 좀 더 보태서 진짜 고급 작품들을 촬영할 카메라를 사기로 작정했다. 그렇지만 호주머니에 그대로 두면 또 난리를 칠판이라 궁리한 끝에 사이다병 속에 집어넣어 마개를 꼭꼭 닫은 다음 감로암 처마 밑 땅속에 묻어두었다.
이쯤 되면 돈이 제 발로 기어 나올 수는 없을 테니 안심이 되었다. 이렇게 한 6개월간 묻어 두었는데 그동안에도 몇 번이나 파내고 싶었는지 모른다. 그래도 결심한 대로 잘 참았다. 어느덧 1년이 지나갔다. 그러던 어느 날 내 동생이 찾아왔다. 15년 전에 헤어졌던 동생이다. 그동안 나를 찾기 위해 10년간을 방방곡곡 절마다 뒤지며 찾아 다녔다고 한다. 고창율이라는 본명만으로 찾았으니 찾아질 리가 없었다.

나의 중 이름은 중광인데… 그렇게 나를 찾아다니다가 불교 신도가 되었다는 것이다. 어떻게 여기 있는 줄 알았냐고 물었더니 부산 범어사에 갔을 때 제주도 분이고 나이는 어떻고 해병대 출신이고 몸도 좋고 공부도 잘하고, 전엔 깡패소리도 들었다고 했더니 그 말끝에 누가 고중광(高重光)스님 같다고 하며 법명을 적어 주더라는 것이었다. 그래서 나를 찾았다고 한다. 그때 나는 얼마나 크게 울었는지 모른다.

동생 나이 여섯 살 때 어머니가 돌아가셨고, 여덟살 때 아버지와 작은 엄마가 무서워 집에서 도망 나와 빵집에서 심부름하며 얻어먹고 살았다는 것이었다. 그 말을 들으니 금방 피를 토할 것 같았다. 동생의 생활이 그처럼 어려운 것을 알고 나는 앞뒤 가릴 것 없이 처마 밑을 팠다.

1년 전에 묻어 둔 사이다병 속의 돈을 꺼내 주었다. 나는 그 돈에게 말했다. 자, 너희들은 카메라보다 더 좋은 곳으로 간다. 가난한 사람 살리러 간다. 손도 발도 없지만 네 할 일을 다하는구나. 극진한 정성으로 모시도록 해라.

동생은 그 후로도 몇 번 찾아왔다. 그때마다 동생에겐 돈이 필요했지만 그럴 땐 또 나에게 돈이 잘 없었다. 돈이란 어디를 그렇게 돌고 도는 것인지. 나는 돈을 볼 때마다 '이놈 또 나에게 춤추러 오는구나' 하며 웃는다.

그런데 문제는 동생에게 몇 번에 걸쳐 돈을 나누어 주었다. 기술이 있으니 조그만 빵집을 만들어서 살아갈 수 있다는 것이었다. 나는 상계동에 싼 셋집을 얻어 빵집을 만들어 주었다. 그러나 실패하고 말았다.

나는 그 빵집을 찾아가 보았다. 헌데 집세를 빼서 도망을 가고 없었다. 이제는 더 볼 면목이 없었던지 도망을 가버린 것이었다. 조그마한 돈 때문에 영영 동생을 잃어버리고 말았다. 그로부터 4년이 흘러가고 있는데 오늘까지 소식이 없다. 우리 어머니 뱃속에서 난 단 하나의 동생인데 행방을 알 길이 없다. 지금이라도 나타났으면 한다. 보고 싶을 따름이다. 이름은 고창록. 내 동생아, 어느 하늘 아래서라도 건강하게 살아 있으면 좋겠다마는……

중광 수행일기 · 8

기차 속에서의 인연

동화사에 있을 때의 일이다. 부산에서 선림회가 있어서 우리 도반인 법일스님과 형광스님, 청현스님과 나는 부산행 완행열차를 탔다.
얼마의 시간이 지났을 때 차안에서 노래 소리가 들려 왔다. 노래소리는 참 씩씩했다. 뒤를 돌아보니 해병대 병사가 술을 한잔 걸쳤는지 거나하게 취해가지곤 통쾌하게 노래를 부르고 있지 않은가. 내가 그것을 보니 어깨가 저절로 으쓱 으쓱해졌다.
나는 아예 등을 돌려 앉아서 손뼉을 치며 유행가를 같이 불러댔다. 한참동안을 그렇게 실컷 부르다 노래가 끝나자 어느새 우리는 오랜 지기처럼 이야기 꽃을 피우게 되었다.
그때 옆에 앉아 있던 어떤 신사가 나서면서 하는 말이 '원효대사는 걸승은 걸승이로되 계율은 파했도다' 한다. 나는 그 말이 떨어지자마자 어떤 것이 계율이냐고 물었다.
그 신사가 계율을 말하는데 첫째, 노래를 부르지 말라. 둘째, 춤을 추지 말것. 셋째, 술을 마시지 말것. 넷째, 수도자들은 방자해서는 안된다는 것이다.
그런 계율을 가지고는 우리에게 말을 하지 말아라. 우리가 그것을 모르는 게 아니고, 심지계율을 물은 것이다.

나는 정말 말문이 막혔다. 그는 도리어 나에게 심지계율이 무엇입니까 하고 물었다. 나는 그 물음에 답하기 전에 신사보고 담배 하나만 달라고 했다. 그리고 불을 붙이고 빨다가 갑자기 담뱃불을 가지고 신사의 손등을 확 지졌다.

신사는 나의 이런 돌출 행동에 비명을 지르며 깜짝 놀라 펄쩍 뛰었다. 지금 선생이 펄쩍뛰면서 '아야야 놀랜 것이 무엇입니까?' 하고 묻자 그 신사는 도리어 말문이 꽉 막혀 버렸다.

나는 그에게 '진실로 그것을 깨달으시요'라고 말했다. 마침 그때 어떤 여자가 배를 사라며 지나가고 있었다. 나는 '선생, 저기 저 여자가 배 사시오! 하며 가고 있습니다' 했더니 그 신사가 돌아보았다. 순간 나는 재빨리 그의 뒷통수를 살짝 건드렸다. 신사는 깜짝 놀랬다. '당신은 헛공부를 하셨군요'하고는 말을 끝냈다.

그 말을 듣고 그 신사는 두 정거장쯤 갈 동안 어디를 갔다 왔는지 한참만에 다시 돌아오더니 하는 말이, '나는 효봉스님께 배우는 제자이며, S대학 교수입니다'라고 인사하며 자기 소개를 했다.

효봉스님과 동산스님을 모시고 법문을 들어봤지만 이런 일은 처음이라며 이것도 인연이니 알고 지내자고 했다.

(법은 하나이고, 쓰는 법은 다양한 묘가 있는 것이다.)

중광 수행일기 · 9

부산 해조암에서

나는 통도사에 있을 때 시내에 일보러 가는 길에 해조암에 곧잘 들렸다.
하루는 해조암에서 관음기도를 하는데 부전 스님이 없으니 낮기도를 해달라는 것이었다. 그래서 나는 관음기도를 정성껏 관세음보살을 부르며 정근했다. 날씨가 너무 더워서 법당 앞문을 활짝 열었다. 그리고 관세음보살님을 등에 두고 바람이 시원하게 들어오는 문 앞을 향해 다시 맘해서 정반대로 서서 기도를 열심히 정근했다.
기도를 끝내고 나자 부전 스님이 들어왔다. 불전(佛殿)스님 보고 중광 스님이 거꾸로 서기로 했으니 기도를 다시 하라는 것이었다. 그래서 나보고 정신이 돌았다고 쑥덕쑥덕하니 나만 병신이 되고 말았다. 어쩌면 부전 스님이 목불(木佛) 속에서 자고 있었을지도 모르겠다.
나는 절 간판이나 가지고 가야겠다고 생각했다.

(1964)

중광 수행일기 · 10

나는 산과 바다에서 공부했다

내가 설악산 봉정암을 처음 찾은 것은 1964년 여름이다. 정법 스님과 나는 원력을 세워 부산 선암사 동안거(冬安居)를 거쳐 서울 정법사에서 쉬었다가 설악산 봉정암에 올라갔다.

며칠 동안 속초에서 보리 좁쌀을 동냥해서 등허리에 걸머지고 봉정암을 참배하고 공부하러 찾아간 것이다. 이때는 설악산 개발이 되지 않아서 도저히 아무나 산을 탄다는 것은 매우 어려운 일이었다. 우리들은 군인들이 가설해 놓은 유선 전화선을 따라 찾아가는 것이다. 청봉까지 연결된 비상 경비 전화선이었다. 만일 이 전화선을 놓치면 봉정암 길을 찾을 수가 없었다.

이때 우리들은 이 험한 산 70리 길을 찾아간다는 것은 목숨을 걸고 도전하는 것이었다. 지금이야 봉정암에 올라(청봉) 간다는 것은 누워서 고물떡 먹기지, 그때만 해도 매우 곤혹스러운 일이었다.

우리는 식량과 된장, 소금을 준비해서 바랑에 가득 걸머지고 설악산 3분의 1쯤 올라가노라니 느닷없이 숲속에서 군복 차림을 한 사람이 총을 들고 나타나더니 손들엇, 앞으로 일보! 앞으로 일보! 꼼짝없이 해댔다.

순간 나는 북한 간첩에게 걸려들었으니 모든 게 끝이로구나 하고 생각되었다. 불법이니 무어니 까불다가 제주도에서 설악산까지

와서 다 끝나는구나.

무장한 군인은 우리를 꼼짝 못하게 만들어 놓고 몸수색은 물론 짐까지 샅샅이 조사를 해댔다. 어디로 끌려갈 것인지, 아니면 이 자리에서 총알밥이 될 것인지, 운명의 순간 순간들이었다.

조사가 끝난 다음 그들은 아군 방첩대원이라고 신분을 밝혔다(그들은 계급장과 부대 마크조차 없었다). 나는 이 소리를 듣고 너무나 놀라 그 자리에 쓰러지고 말았다. 그리고 더없이 살아났다는 데 대한 기쁨도 얽혀 있었다.

군인들의 말인즉, 여름 우기철에 이 산에 간첩들이 자주 나타난다고 하면서 조심할 것을 당부했다. 군인들은 우리 보고 간첩이 중으로 변장해 나타난 줄로 알았다는 것이었다. 이 같은 일은 서로가 몰라서 발생한 것이다.

우리들은 총을 맞아 죽어도 할 말이 없는 것이다. 군인들은 조사를 다 마치고는 친절하게 길을 안내해 주었다. 전화선만 꼭 따라가라는 것이었다.

죽음의 고개를 한번 넘어선 우리는 계속 봉정암을 찾아 발길을 재촉했다. 설악 봉우리를 중심으로 골짜기마다 해골들이 나뒹굴고 있었다. 6.25때 아군과 북한군의 시체들인 것이다. 우리는 염불을 올리고 해골들을 주어모아 묻어 주기도 했다.

아침부터 하루 종일 걸어서 저녁에야 봉정암에 도착했다. 처음 길이어서 산길도 험하고 지리도 잘 모르기 때문에 구사일생으로 도착한 것이다.

이곳에서 우리들은 기도하며 참선 공부를 시작했다. 그런데 또 문제가 생겼다. 이곳에서는 만일 사람이 보이면 절대로 똑바로 보지 말 것이며, 또한 아는 체나 인사를 해서는 안되는 것이었다. 간첩이 나타나서 자기 신변을 보호하기 위해서 우리들을 죽이기 때문이다. 그래서 우리들은 고개를 숙이고 발은 땅만 굽어보아야 했다. 이중 고통을 받으며 공부를 하는 것이었다.

한달이 되어도 사람 한 명 못 볼 때도 있었다. 간혹 계급장 없는 군인이 나타날 뿐이었다. 이 같은 공포 분위기 속에서 공부를 시작했다.

이곳은 대단히 유명한 명승 사찰이기 때문에 모든 스님들의 선망의 대상이었으나 이곳에 와 본 스님들은 그리 많지 않았.

청담 스님도 이곳에서 기도하고 공부한 적이 있다고 했다. 일제시대 나는 봉정암에서 공부를 시작한 것이 설악산과의 첫 인연이다. 이래서 설악산을 몇 년 동안 왔다갔다 하며 살았다.

이곳에서 식량과 반찬을 얻어다 먹는 일은 자기 살과 뼈를 깎아먹는 고통보다 더 어려운 일이었다. 식량은 보리쌀, 좁쌀을 주로 먹으며 소금, 된장, 미역으로 부식을 대신했다.

 나는 산에서 살고

산에서 죽는다
짐승처럼 살다가
산에서 죽는다
지리산에서 죽는다
산에 가면 지리산이요, 한라산이요
오대산이다
바다에 가면 낙산사 홍련암이요
경포대요, 홍련암도
6년간 왔다 갔다 했다.

산에서 선정(禪定)과 선(禪)을 배우고 인욕과 성식, 덕을 배우고 산에서 공덕림을 배우고 자연을 배우고, 종교를 배우고, 시(詩)를 배우고, 산짐승의 삶을 배우고, 흰구름이 산에 사는 은자(隱者)의 모습을 배우고, 철학을 배우고, 문학을 배우고, 바다에 가면 낭만을 배우고, 연애와 멋을 배우고, 넓은 야망을 배우고, 지혜를 배우고, 폭풍을 배우고, 겸손을 배우고, 정직을 배우고, 종교를 배우고, 철학을 배우고, 시를 배운다.

서울에 오면 꼭 동대문시장을 찾아 간다. 그곳에 가면 대단히 마음이 편안하고 재미가 있었다. 어느 도시에 가도 나는 꼭 자갈치

시장, 돗대기시장 같은 데서 무엇이든지 가리지 않고 사먹는다. 나는 도깨비 시장같은 데를 더욱 좋아한다. 인도 델리 옛시장에서는 나는 미쳤었다. 너무 좋아서 울기도 했다. 깡충깡충 뛰기도 했다. 내 반생의 반은 바다와 산에서 살았다. 산에 대한 시도 많이 남기게 될 것이다.

산에 대한 몇 편의 시를 발표했다. 이번에도 인도 히말라야 산에 대해서 쓰기 시작했다. 인도 산에 대해서 3차 시를 발표할 예정이다. 노스님께서 열반하고 나면 나는 당장 붓을 꺾어버리고 그림이고 시고 다 던져두고 산속 깊이 들어갈 것이다.

나는 산에서 바다에서 지금까지 스승 없이 공부하고 배운 것이다.

산신의 불가사의여 산이여!
용왕신의 불가사의여 바다여
南無大自然 南無大自然 南無大自然

설악산을 찾아서

白雲을 벗하여 설악산을 찾아보니
신흥사보다 설산이 먼저 들어온다
첩첩산산 겹겹계곡

산자수명중 산자수명이더라
산은 말이나 할듯 바싹 닥아서고
흐르는 물은 노래나 할듯
소리소리 더욱 여무네

신흥사 오세암 가파른 사십리길
땀 한짐 숨찬 가슴안아
마등령을 넘어 보면
설악산 맛이 절로 절로
설악문을 지니 미등령 징싱에 앉으면
구름은 골에서 놀고
나는 구름을 탄다

산은 신이다, 산은 사랑이다, 불가사의다
산을 무시하거나 나무라면
산에서 꼭 죽는다
산에서 겸손하라
산은 신앙이다
강철이 지나간 지 어언
20살을 헤어가건만

하늘과 땅이 운 피눈물이
상처받은 채
아직도 아물지 않았구나
10년이면 강산도 변한다 했는데

어허 허망하구나 조상님들의
자취 다 어디로 갔누
허허한 폐허 속에 잡초만 우거지고
조각조각 깨어진 기왓장에
전쟁의 상처 아물 길 없네

오세동자 득도한 명승지
오세암 천리길도 멀지 않고
십리길도 찾아 참배하니
황폐된 상처 속에
허무만 노래 부르고 있네

만경대 올라 애타는 가슴 달래며 바라 보네
깊은 계곡에는 곡조 없는
노래 가락이 흐르고

산과 산은 형제같이 서로
머리를 맞대 앉아 섰네

산 산 산 사이로 흰 구름 솟아나고
백운은 오락 오락
마치 동양화 그림 한폭을
보는 듯 하여라

오세암 봉정암 밀고 받고 끌며
험한 40리길 적멸궁 침배코저
소원을 걸고 나니 멀고 험하고
쓰러지고 자빠지고
그래도 고된 줄 몰라라

아 거룩하시어라 자장율사님은
가시어도 정성 모아 모신 사리탑은
남아있구나
나는 누구의 덕에 덮여
성지에 와 참배하는고
1천 7백 8미터 청봉에 올라

사방을 한 눈에 굽어보니
산에 산 산
동해바다 굽실굽실 기어 든다

아 저기가 해금강이란다
내 땅을 마음대로 가고오지 못하나니
하늘 한번 쳐다보고
땅 한번 굽어보고
어이타 38선 세 글자가
이리 울리고 애를 태우는고
천불동 앞뒤로 자리잡고
천연 불상이 삼삼육육
서로 다투어 앉아 있네
이래서 천불동인가
나무아미타불 나무아미타불
자연의 위력 자연의 신비
자연의 위대 자연의 신비
자연의 믿음
아 기쁘다 자연의 불가사의여!
천불동을 잘 그려낸들 산이

山魂 조화를 어이 하며
계곡마다 흐르는
물소리 새소리 어이할까

남금강이라 부르렸다 외설악이
어떻드뇨!
묻고 또 물으면 입 한번 벌리면
한 번 더 더렵혀지고
두 번 벌리면 벌린 만큼
설악 가경이 더럽혀지고

내 설악이 어떻더뇨 !그대가 보게나
내가 입을 벌리면 설악 신비가
더렵혀지네
이 산은 선경 중 선경이네
내설악 계조암, 울산바위, 비선대
쌍록 음록, 설악골
내설악 외설악을 어찌 말로
이러쿵 저러쿵한단 말인가
설악산아 잘 있거라

白雲은 더나간다
이 몸은 떠나가도
내 魂은 못가지고 가노매라
설악산아 잘 있거라
다시 보자 설악산아
설악이 날 버린들
내야 설악을 버리랴
내가 설악을 버린들
설악이 날 버리랴.

중광 수행일기 · 11

상주에서 일어난 일

― 좋은 것 속에 칼이 있는 줄 미처 몰랐다 ―
행각하는 날 나는 경북 상주로 발을 돌렸다. 상주 포교당 문을 두드렸더니 그때 마침 주지스님이 계셨다.
나와는 둘도 없이 가깝게 지내는 사이였다. 그 자리에 또 한 객스님이 있었는데 주지스님 말씀이 중광 도인이 왔는데 이대로 있을 수 있나, 저녁 식사하러 시내로 나가자고 한다.
나는 물론 좋아서 싱글벙글하며 시내의 알만한 주막집을 찾았다. 우리 일행이 들어가니 칙시인양 우신으로 대접해 준다. 왜 그런가 하는 나의 의문은 곧 풀렸다. 평소에 주지스님이 잘 가기 때문에 서로 낯이 익어서 그렇게 반갑게 맞아주었던 것이다.
잘 아는 처지의 손님이어서인지 술상 또한 상다리가 부러질 정도의 산해진미에 진수성찬이다.
 음식 맛이 꽤나 좋았다. 그때 먹어 본 후로 나는 상주 음식맛이 좋은 줄 알았다. 술 또한 좋았고, 그때 먹어 본 후로 나는 상주 음식이 좋다는 자랑을 하곤 한다.
우리는 주거니 받거니 하면서 그동안 어디서 무엇을 하며 어떻게 지냈느냐는 안부 인사에 술들의 삼매경에 이르렀다. 그쯤되자 공부 이야기가 나왔다. 공부란 게 다름아닌 법담이지만 얘기 도중에

한 수좌가 벌떡 일어나더니 자기 아랫도리를 내리고 큰 물건을 완전무장하고는 내 입에다 갑자기 담아놓고 일렁일렁거리며 최대의 쾌감을 느낀듯 눈까지 지그시 감으며 내게 '지금 경계가 어떻소?' 하며 묻는다.
나는 그 큰 옥수수 같은 물건이 입 가득히 물려 있으니 소리는 낼 수 없고, 머리만 꺼덕꺼덕거리며 힘껏 빨다가 살살 혀로 핥아주니 혼자 좋아서 완전히 아리랑 고개로 넘어갈려고 한다.
최후의 흰 피를 쏠려는 직전, 나는 살짝기 이빨로 물어버렸다. 그러자 예상못한 돌연한 공격에 깜짝 놀라 아야 아야 하며 나가떨어진다. 내가 역습을 한 것이다.
지금 경계가 어떻소 하던 그는 좋은 것 속에 칼이 있는 줄을 미처 몰랐던 것이다. 만약에 여자의 음부에 이빨이 있었더라면 이 지구상의 남자들 성기가 남아나지 못할 뻔 했으니 여자의 음부에 이빨이 없는 게 다행중 천만다행이다.
우리는 그 이야기로 한바탕 웃고는 오늘 술값은 단단히 했다고 하면서 이윽고 잠자리에 들었다.

중광 수행일기 · 12

과보는 자기에게 꼭 돌아온다

지금부터 20여년 전 강원도 인제에서 일어난 끔찍한 살인사건이 일어났는데 이 사건을 모르는 사람이 거의 없을 정도이다. 이 사건은 고재봉 육군 사병이 육군 중령 일가족 6명을 도끼로 처참하게 죽인 살인사건이다.

사건의 발단은 고재봉 사병이 육군 중령을 상사로 모시고 부대에서 근무할 때 중령이 개인적으로 고재봉 사병을 몹시 괴롭혔다고 했다. 고재봉 사병은 이를 참다못해 중령 가족을 몰살시켜 복수할 결심을 했고, 그래서 계획 끝에 휴기를 이용해서 중령 집을 밤에 찾아갔다.

고재봉은 중령의 집에 들어가서 깊이 잠든 중령 일가족을 도끼로 난도질을 해버렸다. 이 일은 크게 잘못되었다. 엉뚱한 사람이 불벼락을 맞은 것이었다. 고재봉이 죽이고자 했던 중령 가족은 며칠 전에 다른 부대로 전출되어 갔고, 다른 가족이 대신 억울하게 몰살당한 것이다. 이것은 어쩔 수 없는 악연중 악연이다. 하나님도 풀 수 없는 악연인 것이다.

이 같은 악연은 전생의 와중에서 생명을 경시하고 살생을 많이 한 원한의 씨가 열매가 된 것이다. 꼭 과보를 받는다. 악연이든 좋은 인연이든 업이란 이토록 무서운 것이다. 금생에 꼭 받는다. 아니면 내생에 받는다. 악은 악, 선은 선, 인과를 절대로 받는다.
우리나라 사람들은 종교를 많이 믿는다. 불교, 예수교, 유교, 도교, 회교, 무당 등 여러 종교를 믿고, 많은 소원을 이루고 또 자기 소원을 심고, 또 착한 사람이 되겠다는 참으로 좋은 일이다. 그러나 타 종교라고 비방하거나 백안시하고 원수처럼 보는 것은 우리 형제들끼리 서로 질투하고 미워하고 서로 죽이는 악의 씨를 심는 것은 큰 허물이오니 크게 깨달아야 한다.

종교 때문에 악연을 맺지 말라. 서로 사랑하고, 서로 존경하고, 서로 믿음을 주고, 서로 도움을 주어라.

다른 종교에 비해 교회에 다니는 사람들은 유별나게 더한 것 같다. 모든 인연은 거미줄과 같아서 좋은 인연은 당연히 살려야 하고, 나쁜 인연이라고 지혜롭게 잘 풀어나가고 인욕하면 악연이 좋은 사랑의 인연을 만들 수가 있다. 어떤 사람을 만나든지 이념을 달리하는 공산주의 사람이더라도 생명을 귀하게 알고 서로 인격을 존경하고 사랑하면 원수가 따로 있을 수가 없다.

절대 악의 씨를 심거나 악연을 심지 말아야 한다. 자기가 하는 모든 착한 일은 다 잘 풀려나가는 것이다.

이 세상에서 크게 성공한 사람들을 보면 모든 인연의 씨를 잘 심고, 이 열매를 잘 거둔 사람들이다. 크게 성공하고, 큰 길을, 큰 성을 쌓고 싶거든 지극히 작은 좁쌀 만한 인연의 씨라도 곱게 잘 길러서 크게 자란 아름다운 꽃나무, 인연의 꽃처럼 무럭무럭 자란다.
지극히 평범한 일도 일상생활에서 익혀져야 한다. 평범한 생활이 그대로 진리의 생활인 것이다.

나는 1963년 양산 통도사 강원에 학인으로 있을 때 통합종단 효봉스님 종정 명의로 전국 사찰등록을 할 때 통도사 말사 의령지역 담당으로 그곳에 출장을 간 일이 있었다. 그곳에 도착해 보니 옛날 절터에 어떤 보살이 절을 짓고 있었다.
나는 보살에게 동도사 말사로 등록할 것을 종용했다. 내가 설늑력이 부족했는지 보살은 등록은 고사하고 돌중놈아! 당장 나가라!고 외치며 경찰에 고발까지 해버렸다. 어떤 땡땡이 중놈이 사기를 치러 왔다는 것이었다.
나는 신분증과 출장증을 보여 주었으나 막무가내였다. 결국 나는 지서까지 연행되었다. 지서에서 조사를 받았으나 나의 신분이 확인됨으로써 쉽게 풀려났다.
다음 날 나는 다시 그 절을 찾아갔다. 어제는 나를 몰라 그러신 모양인데 내 말을 믿고 등록을 꼭 하라고 간곡히 말씀 드리는 데도 소용이 없었다. 더 이상 나의 호소가 필요치 않았다.
나는 보살에게 등록 문제는 접어두고 금년 가을에 통도사에서 보살계 불사가 있으니 그때 꼭 오시라고 주소와 전화번호를 적어주고는 돌아왔다. 다른 절은 어렵지 않게 등록을 시켰다. 이 작은 암자만 끝내 성사를 시키지 못한 것이다.

나는 돌아와 그때의 일을 까맣게 잊어버리고 있었는데 가을 보살계 불사때 보광전으로 어떤 보살이 나를 찾아왔다.

감나무에서 감을 따던 나는 그 보살을 친절히 모시고 절을 안내해 드린 후 감 한 상자를 선물로 드렸다. 보살은 그때서야 지난 일들을 말하며 용서를 빌었다. 나는 웃으면서,

"서로 모르면 그런 일들이 얼마든지 있을 수 있지요. 우리에게 무슨 죄가 있습니까? 불신사회가 만든 일인데요."

나는 한마디로 일축했다. 그리고 웃고 말았다.

나는 그 보살을 일주문 밖에까지 배웅해드렸다. 그로부터 몇 개월 후 나에게 그 보살로부터 한통의 편지가 왔다. 내용인즉 자기네 절에 일본대학에서 공부하던 큰스님께서 보던 희귀본 책을 비롯해서 좋은 것들이 있는데 나한테 물려주고 싶다는 것이었다.

이 편지를 본 후 나는 곧장 의령으로 달려갔다. 도착하자마자 보살은 나를 칙사대접하며 반겼고, 수백권에 달하는 희귀본 책을 건네주었다.

나에게는 돈도 없거니와 이 같은 책을 구입한다는 것은 꿈에도 생각지 못할 일이었다. 더욱이 졸병 중이었으니 말이다.

나에게는 큰 복이 터진 것이었다. 그리고 차비까지 마련해 주시면서 언제든지 절에 오면 학비도 도와주겠다고 했다. 나는 그때 크게 깨달았다. 사람이란 언제 어디서 다시 만날지 모른다. 따라서 아무리 어려운 일이 있더라도 참고 인욕하면 복이 온다는 것을…. 참는다는 것은 복 중에서도 복된 것이다.

착한 일을 하는 것은 복이 있는 사람의 재산이다. 마음의 재산 말이다. 나는 항상 말한다. 언제든지 참고, 또 참아라. 복이 있는 사람은 잘 참느니라. 사람은 몇 번 거듭 태어나는 것이다.

나는 이 책들은 잘 소장했다가 1977년 다른 사람들에게 골고루 나누어 주었다. 2만여 권에 달하는 책들과 희귀본들을 후배들에게 남김없이 나누어 준 것이다. 좋은 책은 꼭 좋은 주인을 또 찾아 간다. 또한 훌륭한 책은 좋은 주인이 기다리고 있다. 아름다운 인연들이다. 또한 악한 과보는 틀림없이 악의 열매를 맺는다. 과보는 신기한 것이다.

일제때 평안도 어느 시골에서 일어난 사건이다. 당시 이 지방에서 검사직을 맡고 있었던 분의 경험담이다. 그는 검사직을 그만두고 동국대에서 교수생활을 하고 있을 때 사건 경위를 자세히 말했다. 이 사건이 너무나 신기해서 수긍키 어려운 데가 있었으나 실제로 있었던 실화이다.

한 촌사람이 장날에 돼지를 팔고 돈을 받았는데 75원이었다. 그때로서는 적은 돈이 아니었다. 이 돈을 주머니에 넣어서 허리띠에 단단히 매어달고 집으로 가는 길이었는데 날씨도 춥고 해서 마침 외딴 주막을 찾아가서 술 한잔을 청했다.

방안에서는 사람들이 지껄여대는 소리가 들리는데 불러도 대답이 없었다. 다시 술 한잔을 달라고 하자 그때서야 '나가요' 하는 소리만 하고는 사람은 나오지 않았다. 방안에서는 젊은 남녀들이 정담을 나누고 있는 것 같았다.

이때 촌사람은 마침 대변이 마려워서 주막 울타리 뒤 허술한 뒷간에서 허리띠를 풀어 울타리에 걸어 놓고 용변을 보았다. 이때 벼란간 쪽재비 한 마리가 스쳐 가는 것을 보았다.

촌사람은 용변을 마치고 허리띠를 챙겨 보니 돈 주머니가 보이지 않았다. 귀신이 곡할 노릇이었다. 촌사람은 황급히 쪽재비가 사라진 쪽으로 쫓아가 보았으나 그 집 울타리 근처에서 종적을 감추고 말았다.

쪽재비에게 돈주머니를 빼앗긴 촌사람은 화가 치밀어 주막집에 들어서자마자 '무엇들을 하고 있는 거야. 당신네가 얼른 나와서 술을 주었던들 내가 쪽재비에게 큰돈을 빼앗기지는 않았을 텐데' 하고 항의했다.

촌사람은 큰소리를 치며 돈을 변재해 달라고 했다. 잃어버린 돈은 다름아닌 혼수감을 마련하기 위해 돼지를 판 돈이었다.
그러니 난감하기 짝이 없었다.
이때 방안에 있던 젊은 남녀가 뛰어나오면서 '이 사람이 미쳤는가? 터무니없이 거짓말을 늘어놓으면서 돈을 내라니, 미쳐도 이만저만 미친 게 아니로구먼. 아무도 오고 간 사람이 없는데 무슨 돈타령이야' 하면서 이 화적같은 놈이라고 마구 덤벼드는 것이었다.
"사람 도둑이 아니라 당신네 쪽재비가 훔쳐 갔단 말이오."
이렇게 촌사람이 말하니 '이 사람 단단히 돌아버렸군. 쪽재비가 어떻게 돈주머니를 훔쳐간단 말이요. 그런 엉터리 수작말고 어서 돌아가시오'라고 윽박지른다. 결국 두 사람은 서로 멱살을 잡고 싸움이 크게 벌어지고 말았다. 서로 치고받고 피가 낭자했다.
이 광경을 지켜보던 여자는 겁이 나서 그곳에서 멀지 않은 주재소에 가서 신고를 하기에 이르렀다. 그리하여 순사 두 사람이 와서 싸움은 일단 끝이 났다. 어찌되었건 촌사람은 분을 참지 못했다. 그래서 촌사람은 순사에게 자세히 사건 경위를 설명했다. 그러나 순사는 촌사람의 말을 믿으려 하지 않았다. 도리어 촌사람을 힐책하는 것이었다.
촌사람은 억울함을 참지 못해 울면서 사정 이야기를 했다.
"이 일은 사실입니다. 하늘을 두고 맹세하겠습니다."
라고 하소연을 했다.

순사는 촌사람을 자세히 보았다. 분명히 그의 허리띠를 보니 과연 새끼 허리띠를 하고 있었다. 그때서야 순사는,
"그렇다면 그 쪽재비는 어느 쪽으로 갔는가?"
라고 물었다.
"네, 굴뚝 뒤로 도망쳤습니다."
라고 촌사람이 말하자 순사는 굴뚝 뒤로 돌아가서 쪽재비가 숨을 만한 곳을 찾기 시작했다. 마침내 굴뚝 뒤에 쪽재비가 들어갈 만한 구멍 하나가 있었다. 순사는 주인 여자를 불러 괭이로 그곳을 파도록 했다. 그러나 주인 여자는 사시나무 떨듯 몸을 떨고만 있을뿐 좀처럼 파려고 하지 않았다.
순사는 뭔가 이상하다는 표정을 짓더니 젊은 두 사람을 같이 간 동료에게 잘 감시토록 지시하고는 촌사람에게 구멍을 파도록 했다. 조금 팠을 때 구멍 속에서 돈주머니가 나왔다. 모두 놀라는 눈치였다. 헌데 돈주머니가 나오는가 했는데 무슨 썩은 것 같은 냄새가 물신 풍겨 왔다.
순간 순사는 뭔가 이상한 예감을 느꼈다. 순사는 더 파보라고 큰소리로 외쳤다. 얼마 파지 않았을 때 마침내 그 속에서 사람 시체가 나타난 것이다.
시체 목에는 예리한 칼로 찌른 듯한 자국이 나 있었고 머리에는 큰 못이 박혀 있었다. 이것은 다름아닌 젊은 남녀들의 짓이었다.

여자는 간부와 부동하여 본부를 살해하여 이곳에 파묻어 버렸던 것이다.

죄를 짓고 못산다는 말도 있지만 거짓말로도 살 수 없다. 이 같은 불변의 진리를 어느 누구도 부인하지는 못한다. 언제나 자기가 지은 죄는 자기가 받는 것이다. 즉 자기가 뿌린 씨는 자기가 거두어 들인다.

다음에는 악연에 대한 말을 해보도록 한다.

이 이야기는 근세에 있었던 일로서 호남지방에 어떤 형제가 살고 있었다. 그들 형제는 부모로부터 많은 유산을 물려받고 편히 살고 있었다. 그런데 형님은 허랑방탕하여 물려받은 재산을 곧 탕진해 버렸지만 동생은 근면 착실하여 더욱 부자가 되었다.

동생은 마음까지도 착해서 형님을 정성껏 모셨다. 그러나 시기심이 많은 형님은 동생의 재산을 탐내어 빼앗아 볼 생각으로 몇 년 동안 음흉한 계략을 세웠다.

어느 날 형님은 동생 앞으로 익명으로 된 협박편지를 보냈다.

― 나는 세상에서 가장 무서운 산적 두목인데 너의 생명을 보존하려거든 나의 명령을 따르라 ― 는 것이었다. 내용인즉 그대의 아버지 묘소를 파헤쳐서 두골을 갖고 왔으니 모일 모시에 모처로 나오되 1천 냥을 갖고 올 것이며, 관가에 고발하면 일족을 몰살하겠

다는 것이었다. 이 협박편지를 받은 동생은 그 자리에서 실신하고 말았다.

다음 날 정신을 차린 동생은 아버지 묘소를 찾아가 보니 과연 묘가 파헤쳐져 있었고, 시체의 목이 짤려져 있었다. 동생은 황급히 형님을 찾아가 자초지종을 말씀드리고 의논을 하자 형도 크게 놀라면서,

"일이 이렇듯 위급하니 돈 1천 냥이 문제인가. 어서 주저하지 말고 부친 두골을 찾도록 하자. 두골이 없어지면 우리 집안이 망한다. 이 같은 일은 집안 망신이니 아예 관가에나 어느 누구에게도 알리지 말라. 협박장대로 따르는 게 좋겠다."

고 말했다.

동생은 일단 형님의 말을 그대로 따르기로 하고 집으로 돌아오려는데 조카 녀석이 말하기를,

"비록 나이가 어리고 힘이 없더라도 어떻게 극악무도한 그놈의 뜻대로 따른단 말입니까? 제가 그 원수놈의 목을 한칼로 베어 원수를 갚겠습니다."

고 말했다. 그래서 두 형제는 조카를 설득시켜 일단 만류했다.

"네 짓은 쓸데없는 만용이다. 너의 생각은 우리 가족의 목숨은 물론이고 너의 목숨도 위태롭게 한다. 일이란 순서가 있는 게야."

라고 충고를 했다. 일단 조카는 어른들의 뜻을 따르기로 했다.

다음날 동생은 1천 냥을 가지고 지정된 장소로 찾아갔다. 도적은 복면을 하고 소리는 단 한마디도 내지 않고 손으로만 모든 지시를 내리고 있었다.

협박범은 두골을 보이면서 돈을 먼저 건네 달라고 손짓을 해댔다. 돈을 건네주려는 순간 숨어 있던 조카가 순간 뛰어들며 협박범의 목을 칼로 내리쳤다.

순간 협박범의 목이 떨이지고 피가 낭자했다. 죽은 사람의 복면을 벗겨보던 순간 조카와 동생은 깜짝 놀랐다. 죽은 사람은 바로 칼을 휘두른 소년이 아버지였다. 동생과 조카는 그 자리에 쓰러져 봉곡을 했다.

그의 형은 스스로 죄를 만들어 비참한 더러운 과보를 남기고 죽음의 댓가를 받은 것이다.

 이 같은 일은 아들과 동생에게 사회와 가정에 오명의 죄과를 크게 남기고 간 업보이다.

중광 수행일기 · 13

칫솔 한자루 사주고 떠나간 여인

50억대 1의 만남이다. 나는 세계 50억 중의 한 사람이다. 나와 만난 사람도 50억대 1의 만남이다. 만남은 이렇게 어렵고 신기하고 고귀한 것이다.
나는 항시 어떤 귀중한 만남이 있을 때 마음속으로 50억대 2의 귀한 만남입니다. 감사합니다 라고 한다.
두 번 만나면 50억대 1이 두 번 만남입니다. 세 번 만남도 그렇지요. 만남의 인연은 대단히 귀중한 것이다. 왜냐하면 모든 세상만사가 만나지 않고 이루어질 수가 없으니까 말이다.
서로 만남은 사랑스럽고 존경하고 정성들여야 하겠다. 더군다나 인욕 같은 것은 말할 것도 없고, 서로 사랑하며 용서하는 넓은 마음 말이다.
그런데 어떤 사람은 그렇지가 못하다. 대개 보면 맞배기다. 한 번, 두 번, 세 번 만나 이득이 없으면 사정없이 차버린다. 너무나 경솔하고 집시 같은 사람들의 짓이다. 사람이란 언제 어디서 다시 만날 수 있다. 항상 여유를 가져야 하는 것이다.
좋은 사람, 나쁜 사람이 따로 없다. 모든 것이 자기에게 달려 있는 것이다. 그리고 시간과 공간, 환경의 변화에 따를 뿐이다. 사람의 만남은 하늘보다 귀하게 대하고 최선을 다해야 할 것이다. 어떤 사람이든지 말이다.

더 나아가서 말없는 나무, 물, 돌까지도 귀하게 만나고 사랑하고, 내가 밟고 다니는 땅 까지도 하늘 공기까지도 깨끗하게 대하고 사랑하는 마음을 가져야 복을 받는 민족, 복을 받는 나라, 복을 받는 사람이 될 것이다.

나는 몇 년 전에 좀 아는 여인에게서 전화가 왔다. 이름은 잘 기억할 수 없는 여인이었다. 그 여인은 전화에서 이틀후 로스앤젤리스로 떠난다고 하면서 내일 타워호텔 커피숍에서 10시에 만나고 싶다고 했다.

나는 다음 날 약속 장소로 갔다. 우리는 서로 인사를 나누고 차를 들었다. 그 여인은 나에게 종이에 곱게 싼 것을 선물했다. 그것은 칫솔이었다. 그녀는,

"저는 치아를 연구하는 사람입니다. 치아에 대하여 연구하다보니 치아가 대단히 중요함을 느낍니다. 이 칫솔은 좋은 것입니다. 이 칫솔로 이빨을 닦고 잘 보호하십시오."

라고 말했다.

나는 속으로 칫솔이 뭐 그리 대단한 것이라고 하나 준다고 호텔까지 오라고 하는가? 한편 생각해 보니 싱겁기 짝이 없었다. 그녀는 미국에 오면 꼭 연락하라고 하면서 우리는 헤어졌다.

나는 집으로 돌아왔다. 또한 선물로 받은 칫솔도 잊어버리고 말았다. 그리고 그녀의 생각마저도 까맣게 잊어버렸다.
그로부터 몇 년이 지나서 그 여자 생각이 떠올랐다. 내가 그때 그 여자에게 너무 경솔하게 대하지나 않았나 하는 생각이었다. 점심이라도 대접했어야 할 일이었는데... 작은 것을 소중이 받는 정신을 나이가 좀 들어서 비로소 깨닫게 된 것이다.
그때 그 여인은 나보다 앞서가는 여인이었다. 지금에 와서 생각해 보니 이빨까지 생각해서 정성들여 선물을 한 것을 나는 또 잊어버렸던 것이다.
몹시도 부끄러운 일이었다. 그 여인에게 말이다. 50억대 1의 귀한 만남인데 말이다. 다음에 로스앤젤리스에 가면 그녀의 행방을 알게 되겠지. 그때 용서를 빌자.
우리들은 어릴 때 최고로 좋은 것, 최고로 큰 것만 제일이라는 나쁜 습성만 사회에서 배워 몸에 베었다. 이런 나쁜 버릇을 고치려면 스스로 깨달아야 하는데 오랜 시일이 걸리게 된다.
나는 그때의 일을 참회하는 뜻에서 이 글을 쓰고 있다.
우리 주변에서 너무 많이 보이는 형상이다. 내 주변 사람도 이런 일들이 있으면 크게 각성해야 할 일이다.

중광 수행일기 · 14

용주사를 떠나면서

병은 커지고 신심은 떨어지고
첫째, 신심을 굳게 가지고 정신수양으로
고칠 것
둘째, 병을 원망치 말고 과보를 달게
받는 것이 현명한 일
셋째, 살려고 발버둥치지 말것
命이 다하면 살려도 죽는 법
넷째, 금방 죽는 한이 있더라도 될 수 있는 한 남을 괴롭히지 말고 병든 몸 서럽다 말하지 말것
다섯째, 병고로써 양약을 삼아 공부하고
마음을 굳게 가져 살 뿐이다
여섯째, 병이 나면 크게 아파야 한다. 병은 병대로 크게
인생의 苦를 깨우칠 가치가 있는 것이다.

(병상일기에서)

3
걸레스님의 성지순례

重光이다

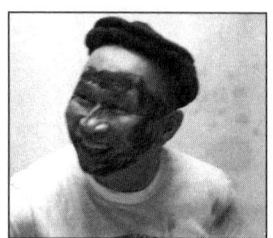

예수님의 위대한 죽음

넓은 하늘을 걸어서 산과 들을 걸어서
수만리 펼쳐진 바다를 걸어서
뉴욕에서 스페인을 거쳐
소원을 걸어서
희망의 꿈이 열리는 성지를 가다

위대한 예수님의 십자가를 걸머지고
아버지, 어찌하여 나를 버리시나이까?
믿음과 사랑과 인내로 봉헌 실천하는
즉 자기 확인 소리를 최후까지 남기고 간
골고다를 참배코저 태선이와 나는
성지 예루살렘을 가다
예루살렘을 가다

이 지구상에서 가장 성스러운 땅
이 세상에서 신에게 선택받은 후손들이 사는 곳
인간과 신이 가장 먼저 대화를 이루었다고
말하는 성스럽고 기적이 영원한 땅
아부라함이 이 성스러운 땅에

가장 먼저 역사의 장을 열었다

영원한 이 지구의 빛 불야성
예루살렘이여! 예루살렘이여!

나는 이 세상에서 너무나 때묻은 영혼을
목욕재계하고 다시 태어나야 한다
다시 태어나야 한다.

불안한 밤

예수님의 길조가 좋지 못한 불안한 밤을
나는 몸을 옴츠리고 숨어서 보고 있다

예수님이 밤에 켓세마네(올리브 숲속) 동산에서
제사장 가야바에게 체포되던 날
제자들에게 배신당하는 모습
예수님은 갈릴리에서 배신당한 경험을
알고 있다. 예감도 했다

제자들에게 당하는
배신감은 너무나 고독했다.
개죽음을 당하는 고독
이런 일들은 동서고금 사람의 눈은
똑같구나 하고 깨달았다. 나는 ―
어리석은 눈들이여!
어리석은 눈들이여!

예수님은 체포되어 유태법에도 없는
밤 재판을 받아 가며
죄명은(유태인의 왕, 나사렛 예수)이란
죄명을 굴레씌워 빌라도 지사는
사형 언도를 내린 것이다

예수님은 절대 정치범이 아니었다
진리의 말씀만 전하는
초연한 성자였다

내가 너를 위해 낳으니 이를 위하여
세상에 왔나니, 곧 진리에 대하여

증거함이로소이다
무릇 진리 속에 사는 자는
내 소리를 듣느니라

어리석은 중생들은 이 진리, 이 소리를
못깨달았던 것이다
예수님은 이 억울한 죄명을 들어 씌고
개죽음을 당함은
하늘도 땅도 통곡할 일이다
그러나 예수님은 끝내 최후의 만찬에서
'누구든지 용서하고 사랑하라. 끝까지
용서하고, 원수까지 사랑하라'고 외쳤다
영원한 사랑의 말씀을 외쳤다.

골고다로 가는 길목

핍박과 조롱받는 골고다로 가는 길목에서
예수님은 억울한 죄명을 들어씌고
십자가를 걸머지고 가시덤불이 머리에 씌워지고

양손에 갈대잎이 쥐어지고
배신당한 제자들에게 네가 유태인왕이냐? 네가 메시아냐?
가래침과 조롱을 받으며
5백 미터 걸어 가다가 마리아 어머님을
처음 만나 거기서 쓰러진다
예수님은 통곡하며 피눈물을 흘린다
어머니! 어머니!
소리칠 힘조차도 없었다
눈물만 흘릴 뿐이다
털수염에 눈이 움푹 들어간 얼굴
대단히 피곤한 비참한 슬픈 모습뿐이다

병졸들은 쓰러진 예수를 형태를 가하며
끌고 간다. 무거운 십자가를 걸머지고
쓰러지고 자빠지며 최대의 형태를
걸머지고 피, 땀을 토하며
걸어가는 것이 아니라 짐승처럼
도살장으로 끌려 간다. 끌려 간다.

위대한 예수의 죽음

골고다에서 예수님의 십자가를 걸머지고
위대한 죽음은
아버지 하나님의 말씀에
절대적인 신봉과 사바세계 전인류를
구원하기 위한 죽음인 것이다
그러므로 위대한 죽음이다
자신을 완전히 버리고
사랑과 진리를 위하여
마지막 최후까지 하나님 아버지
어찌하여 나를 버리시나이까?
어찌하여 나를 버리시나이까?

통곡의 벽

유태인의 혼의 고향
유태인의 염원과 희망과 신앙이 깃든 곳
슬픔의 역사, 영원한 통곡 소리가
오늘도 그칠 줄 모른다

로마군이 쳐부수다 부수지 못한 벽만
오늘도 천추의 한을 외치며 서있다.

갈릴리로 떠나면서

통곡의 벽을 지나
나는 모리아 山上의 성전을 참배하고
올리브 산으로 가서 예수님이 부활해서
승천 자취를 경배하고
죽으면서도 사는 혼
죽으면서도 사는 혼
나는 외도 중놈이지만
나를 확인해 본다.

갈릴리 사람들은 무서웠던 모양이다

세계 제일 강대국 로마 줄리안 황제가
화살을 맞고 죽어가면서
갈릴리 사람, 당신들은 승리했구려!
마지막 말을 남겼다고 하신다.
예수님의 生은 갈릴리에서 많이 살았다
예루살렘은 대단히 싫어하는 편이었다

로마제국 총독 지배 세력에
진리의 말씀으로 저항했던 것이다.

죽으면서 사는 저항
사랑과 정의로 싸웠다. 최후까지
그는 예루살렘에서 체포되어 처형되었다.

마사다의 최후의 죽음

로마군의 칼에 죽느니 차라리 우리 손으로
서로 찔러 죽는 것이다
유태인의 강한 신앙의 혼
장렬한 죽음
마사다는 로마군에게 이스라엘 땅을
다 정복당하고 최후까지 죽음으로
싸운 곳이다

이곳은 물도 한방울 없고 풀 한포기 없는
검붉은 황토바위만 있는 곳이다

유태인들은 최후까지 버티고 있었다
로마군도 도저히 점령을 못하고
포위해서 물과 식량 보급로를 끊고
항복만을 기다리고 있었다
끝내는 저항하다가
960명 한 사람도 남기지 않고
스스로 자결하고 말았다. 장렬한 죽음!
로마군들은 이 광경을 보고
간담이 서늘했다
유태인들은 죽음으로써 승리하는 신앙의 정신
유태인들이여.....
유태인들이여.....

요단강을 건너서

四海를 지나 갈릴리 땅에
요단강을 건너
성안 예수님을 친견했다
거룩하신 예수님이시여

사랑의 화신 예수님이시여!
우리들이 예수님 성안을 뵙게 됨을
하나님의 은총이 아닐 수가 없습니다
우러러 주여! 주여!
요단강에서 세례를 받고
요단강을 건너
갈릴리 호수로 돌아오면서
예수님의 신통과 기적을 보였던
갈릴리 호수, 갈릴리 호수여!
나는 갈릴리 호수 속의 고기와
사랑을 했다

나는 예수님께 천국으로 가는 길을 물었더니
천국은 다음에 가시고
천국 입국 젯트기표만 두장
태선이와 나에게 내어 주시면서 하시는 말씀
걸레스님, 부처님 불경 공부 잘하시다가
다음에 오시어서 놀다가 가라는 것이다

나는 예수님께 물었다

어찌하여 외도 중놈도 천국에서
받아주십니까 물었더니
우러들의 천국은 예수교만 믿거나
하나님만 믿는다고 가는 곳이 아닙니다
누구든지 착한 사람은 들어갈 수 있습니다
남을 미워하지 않고, 질투하지 않고
남을 시기하지 않고, 탐심이 없는 사람은
누구든지 갈 수 있습니다
그리고 참으로 착한 사람은
천국을 찾지 않습니다

착한 사람은 착하게 살고 죽을 뿐입니다
착한 사람은 죄지은 자를
절대 미워하지 않습니다
천국에 보내어 참회하고, 회개하고
뉘우치고, 마음을 기쁘게 해서
영원히 끝끝내 까지 구원의 길을
인도해 줍니다.
착한 사람은 능히 지옥에서도
고통을 이겨냅니다

착한 사람은 언제든지
여유 있는 사람입니다
그런데 걸레스님은 좀 염려가 됩니다
우리 천당에는 착하고 순진한 사람만 있는데
걸레스님과 같은 큰 바람둥이가 오면
다 버릴까 염려가 됩니다
예수님은 하 하 하 웃으시면서
조크를 해 왔다

예수님께 또 나는 물어보았다
우리나라 한국 사람들은 천당에
몇 명이나 있습니까? 하고
예수님은 잠간 생각하며 컴퓨터를 쳐보더니
한국 사람들은 통째로 들어온 사람은 없고
착한 입들만은 몇 명 있다고 하신다
말과 행동이 일치는 못해도
착한 입이 좀 있다는 것도 다행입니다
차츰 차츰 한국 사람들도 좋아지고 있습니다
희망적인 말씀을 해 주셨다
나는 갈릴리 에덴 여인숙에서

갈릴리 여인이 순박하고 아름답기에
하루저녁 젊음을 즐기고 있었다
우리들은 한참 즐기고 있는데 예수님이
앞에 나타나서 어찌하여 너희들만 몰인정하게
그렇게 즐기느냐고 조크를 해왔다
주님이 농도 잘할 뿐만 아니라
여유가 있었다.
빙그레 웃으시면서 예수님 말씀이
나도 젊을 때 갈릴리 여인들에게
많은 유혹을 받았다고 하신다
갈릴리는 좋은 곳이야. 참으로.....
내가 머나먼 한국땅에서 신의 예언을
내려준 성스러운 땅 예루살렘 예수의
행적을 참배할 수 있는 영광의 기회를
준 것은 내 일생에 즐거움이 아닐 수 없다
감사합니다. 아 ~멘

神이여

나는 신을 모릅니다. 그러나 신의

신통을 불신하지는 않습니다

나는 신을 믿지 않습니다. 그러나 신의
말씀을 무시하지는 않습니다

신이여! 제가 부족한 점이 있더라도
용서하여 주옵소서.

(1985)

인도는 기다리며 산다

나는 왜 인도에서 눈물을 흘려야 했나?
내가 오늘까지 살아온 전생 전부가
다 부끄러움을 느껴 참회의 눈물을
흘려야 했다. 무식한 눈물을…
나는 참회의 눈물로 내 영혼을 목욕시키고
눈물을 흘리고 있다.
인도여! 인도여!

나는 왜 인도에 말년에 와서 수도하며
끝없는 방랑으로 끝내려 하나
너무나 비참하게 사는 귀한 생명들
피골이 상접한 우리 형제들
고통을 받으며 겨우 생명을 이어가며 사는
목숨들을 너무나 많이 보았다
나는 어리석은 값싼 눈물인줄 안다
그러나 인도를 기다리며 우는 것이다
더욱 비참한 것은 經中經이다
내 마지막 돌아갈 운명을 곰곰이 생각하며
나는 인도의 델리 고도시 시장을 돌아본다

가슴 속의 눈으로 돌아본다
고도시 시장이 얼마나 크다고 말로
표현할 길이 없다
나는 이 시장 안에서 보았다
한쪽에는 힌두교들이 꽃 공양을 올리려고
많은 사람들이 꽃을 사려고
모여 들고 있다
많은 꽃송이들이 진열되어 있다
온갖 꽃들이 풍요롭게 아름답게 향기롭게 진열되어 있다

바로 꽃가게 옆에서는 젊은 걸사들이
빵조각을 얻어먹으려고 줄지어 서서
기다리고 있다. 피골이 상접한 걸사들이
득실거리고 있다
아! 인도는 좋은 나라다
그러나 7억의 입들이 너무 많아서
가난이란 국가도 어찌할 도리가 없다
인도여! 인도여!
그리고 빈부차가 너무 심하다
잘사는 사람들은 너무나 잘살고 있다

슬픈 일이다. 죄 되는 일이다
우리들의 형제가 굶어 죽어가는 것을 보고
어찌 목으로 밥이 넘어 가겠는가

인도는 깊은 평화, 부귀영화, 허상, 비참함,
고통, 불쌍한 불구자들, 자유, 동물의 사랑,
가난, 이 모두가 한눈에 볼 수 있는 나라가
인도다. 인도는 깊다

젊은 걸사들 옷은 다 떨어진 인도 무명옷을
몸에 뚤뚤 둘러 입있고
이 옷이 바로 이불이요, 옷이다
노천길 바닥이 집이요, 안방이다
하늘은 지붕 천정이다
그 얻어먹는 걸사들이 지극히 자연스럽다
편안한 얼굴들이다
그 사람들은 가진 것이라곤 아무것도 없다
인생이 살아간다는 것도 없다

다 얻어먹어도 마치 거리에서 수도하는

수도승처럼 눈동자들이 한결같이
깨끗하고 편안하다. 초라한 모습들이다
아! 나는 저 사람들 보다
가진 것이 너무나 많다
가진 것이 너무나 많다
나는 회개하라
이 걸사들을 두고 회개하라

비참이란 것은 經中經이다
이 경을 봄으로써 우리들이 참회하고
내 마음을 깨끗이 비워 청소할 수 있는
참회의 눈물로 가난한 마음을 찾는다
그리고 마음이 가난해야 지혜가 나온다
탐심이 많은 사람은 사랑의 눈물이 없다
인도여 감사하다!
인도여 감사하다!

나는 한국에 돌아갔다가 다시 인도에
돌아와서 죽고 싶다
방랑으로 떠돌고 싶다

흰구름처럼 둥둥 떠 다니고 싶다
나는 인도에 와서 지혜를 닦아야 하겠다
나는 인도에 와서 모든 영화를 끊어야 하겠다

인도는 소들의 천국이다
소들이 두세마리씩 떼지어 다니기도 하고
한 마리씩 다니기도 한다
상점 앞에 버젓이 누워도 있다
똥도 어디든지 싸고 싶은대로 싼다
먹을 것도 다 갖다 준다
물도 갖다 준다
소들이 그렇게 어질 수가 없다
소들의 어진 눈 껌벅껌벅하고 거닐면서
조용하고 마치 수도사님 같다
짐승들이 거니는 거리가 그렇게도
평화스러울 수가 없다

국립박물관에 들어가 보니 좋은 작품들이 많지만
내 눈에 원숭이 암놈 숫놈 두 마리가
나무조각으로 만든 것이 보였다

숫놈과 암놈의 성기가 너무나 뚜렷하게
재미있게 조각되어서
나는 크게 웃었다

짖궂은 나는 원숭이와 같이
사진을 찍고 나서
원숭이 보지 속으로
내 손가락에 침을 살짝 발라서
구멍에 넣었다
숫소가 암소 물건 냄새 맡듯이
내 코에 대고 손가락 냄새 맡았더니
숫놈 원숭이가 깔깔 웃으면서
'내가 몇천년 인도에서 살았지만
걸레스님 같은 놈은 처음이요' 한다.

버스로, 기차로, 비행기로

인도 서울 델리에서 밤 기차로 12시간을 타고
잠묵까지 간다. 잠묵에서 캐시밀까지

버스로 12시간을 간다
캐시밀서 버스로 나닥 야마유루절까지
이틀을 간다
인도 북쪽의 히말라야 산맥
깊고 깊은 산하
산 고개 재들을 넘는 것이다
산길 높이가 3천 미터가 넘는 고개들이다
길 위에서 밑 골짜기를 내려다보면
아득해서 밑을 잘 볼 수가 없다
손과 발에는 선땀이 잘잘 흐르는
숨가쁜 순간들이다
아슬아슬한 고개를 넘는다
내가 이곳에서 죽지 말아야
인도 뜻이 깊어질 텐데
히말라야 산맥을 간다
히말라야 산맥을 탄다
히말라야 산맥을 먹는다
가슴 깊이 문을 열어 놓고

아! 건강한 산하, 깊고 깊은 산하

첩첩산산 신비스럽기만한 만년 산하들
나는 옛 수도하던 사문과 카라반을 생각한다
보라! 이 땅에서 大聖人이 안나겠으며
大哲人들이 아니겠는가
大宗敎家가 안나겠는가
영원한 신비여!

나닥레헤는 이 세계에서 가장 높은 고원지대 땅
인도 가장 북쪽에 있는 가장 추운 곳
여기는 풀 한포기 나무 한그루 없는
황토석의 石山들
반 죽은 산에 만년설이 덮여 있을 뿐이다
죽음만 덮여 있을 뿐이다
산 사이로 비치색 맑은 물이 넘쳐흐른다
원시 그대로 사람들 참 모습들이다
말, 행동, 사는 것 모두가 그 사람들의 참모습들이다
참종교인이요, 참인간들이다
참자유인이요, 천진무구한 때 묻지 않은 사람들
믿음의 힘이란 대단히 무섭다
옴마니반매흠 옴마니반매흠 뿐만 주력할 뿐이다

간혹 강변에 풀과 나무가 좀 있을 뿐이다
농사도 좀 지을 뿐이다
여기에서 어떻게 사람들이
살아났는지 궁금할 따름이다
원시생활 그대로다
여기 사람들은 다 착하고
불교신앙이 대단히 강하다
티벳불교 원형을 그대로 볼 수 있는 곳이다
옴마니반매흠
주력으로 살아가는 사람들이다

첫날 산소가 모자라 숨을 제대로
못쉬어 고통을 받았다
거기에다 스카치 위스키까지 먹어 놓았으니
가슴이 헐레벌떡 헐레벌떡
염소, 양, 당나귀, 소들을 기르고 있다
길거리에 돌아다니고 있다
염소는 하늘은 높아 못 먹고
돌은 단단해서 못 먹고
그 나머지는 다 먹는다고 했다

길거리 종이 쓰레기 하며
자기가 싼 똥까지 먹고 사는 것을 보았다

나는 나닥 사람들의 초인적인 생활에 감탄한다
나닥에서 사원 다섯 곳을 참배하고
7일만에 델리로 흰구름을 탄 것이다

델리에서 카즈라호를 간다
그리고 그리던 카즈라호 랙스맨 사원에서
지극히 참배를 한다
위대한 종교여!
인도의 종교여!
환희, 애로, 여러 모습으로 자신에 이르는
차원 높은 종교여! 예술이여!

말하면서 인도는 기다린다

인간은 처음에 쾌락을 찾는다
자연스러운 일이다

인도는 쾌락을 인생의 최고 목표로 삼지는 않는다
또한 그것을 죄악시도 않는다
쾌락을 찾는 사람에게 그것을 쫓아라 보아라
거기에 잘못된 점은 하나도 없다
이렇게 말하면서도 인도는 기다린다
사람이 원하는 것은 쾌락이 전부가 아니라는 것을
스스로 깨닫게 되기를 기다린다
나는 밤에 인도의 하늘에 신비의
별빛을 바라보면서
인도는 영원한 불가시의로다
여행이 즐거우니 마음노 몸도
먹는 것도 다 즐겁다
내 물건도 포동 포동
18세 총각 잠지처럼 가을 X처럼.

성지 부다가야를 참배하고

카즈라호에서 부다가야를 가다
태선이와 나는 부다가야 大塔에

모셔진 未來佛에 참배하며
위대한 석가모니시여
인류의 영원한 스승이시여
영원한 진리시여
부처님이 8년간 고행 끝에 니련선하 보리수 아래서
새벽 샛별이 빛나는 것을 보고
크게 깨닫고 사자후를 토했다.

인도에 혜성처럼 나타난 석가

위대한 석가모니
인도의 오랜 4베다 철학에
힌두와 자이나교가 탄생했고
그 교에 혁명의 횃불을 들고
혜성처럼 나타난 인도의 세계적인 성자

오늘까지도 근본불교, 원시불교, 부파불교
소승불교, 대승불교, 비밀불교
일천칠백년간 위대한 부처님의 지혜가 흘러 온다

미래까지도 흘러 간다.

영원한 진리의 말씀

부처님 말씀 가운데
우리들이 꼭 지켜야 할 말씀은 많고 많다
그러나 이 말씀은 어느 누구든
지켜지면 좋은 말씀들이다
내 나이 29세에 출가하여
해탈의 도를 구했노라
수발아! 내가 해탈한 지 지금 벌써
50년이 되었다
그중에 계 · 정 · 혜의 실행을
내가 홀로 늘 생각했노라
지금 설법과 요점도 그것이다
이외에 수도자는 있을 수가 없다
나는 크게 깨달았다
현대 사람들에게는 더욱 더 바란다
마음 조복없이는 더욱 어렵다

영원한 부처님의 진리의 말씀이여!
영원한 부처님의 진리의 말씀이여!

불타의 최후의 말씀

부처님의 최후의 말씀을 명심하여 들어 보아라
게을리 지내지 말라
나도 게을리 지내지 않았기 때문에
해탈을 이루었다
한없이 좋은 일은 게으르지 않음으로
말미암아 이루어진다
일체 만물은 항상 존재하는 것이 없다

부다가야에서 마루나 갠지스강을 가다

갠지스 강가에는 천당, 극락, 지옥 아귀, 브라흐만신
바루나신, 시바신, 칼리여신이 함께 있다
시바신이여!

당신이 화장터를 사랑하시므로
강가 화장터를 사랑하심으로
강가 물을 내 마음에 화장터를 삼았나이다
암흑한 자 화장터 주인님!
당신이여 내 마음속에서
당신이 영원한 춤을 추게 하소서
한쪽에는 장사하는 사람
한쪽에는 꽃 파는 사람
한쪽에는 향 파는 사람
한쪽에는 손발 병신들, 구걸하는 사람
한쪽에는 피골이 상접하여 죽어가며
신음 하는 사람
한쪽에는 염불하는 사람
한쪽에는 머리 깎아 주는 사람
한쪽에는 귓구멍 후벼주는 사람

한쪽에는 지압하는 사람
강변에는 많은 사람들이 강에 꽃을 띄우는 사람
갖가지 소원을 걸고 기도하며
강에서 목욕하는 사람

기도하며 물을 마시는 사람
강물에서 요가 하는 사람
죽은 사람을 화장해서 재를
강물에 뿌리는 사람
인도의 흰 소를 그대로
강물이 띄워 보내는 사람

인도 전 지역 사람들의 소원이다
이 강물에서 목욕 한번 하는 것이
또 죽어서 강가에 재 뿌려지기 소원이요
이 물들을 그대로 마신다
양치질을 한다
온갖 것을 다 씻어낸다
가래란 가래는 다 토해낸다
똥도 오줌도 다 극락에 보낸다
더군다나 이 강물을 미국에 사는
인도인들에게 공수해 간다
약으로 축복하며 먹는다
불가사의로다
이 강가를 순례하는 사람들

세계 사람들이 그칠 날이 없다
수백, 수천명의 순례자들이다
강가는 인도의 혼이 깃든 성역이다
나는 강가에서 이 광경을 보고 욕을 마구했다
이놈들아! 성스러운 강
모든 소원이 깃든 강이라면
강물을 깨끗이 쓰고
강물을 아끼고 아름다운 꽃과 향을 띄우고
아름다운 축복의 춤과 노래를 부르며
축복하면 너희들이 축복을 받을 것이다

인도 걸사님들은 주어도 끝이 없다
한 사람 돈을 주고 나면
너도 나도 달려 든다
주어도 달라고만 한다
이들은 시작도 끝도 없다
인도는 알 수가 없다
도저히 인도의 철학은 깊고 깊다
깊고 깊은 나라 인도여!
갠지스강가에서 나는 생각해 본다

결과를 아무것도 바라지 않는다
다만 내 일을 할 뿐이다

이무의 명령대로 자기 일을 다하며
일의 결과는 거들떠 보지 않는다
그것이 '요기'이다

한 구도자가 갠지스강가에서 명상할 때
전갈 한 마리가 바로 앞에서
강물에 빠지는 것을 보았다
손으로 건져 주었더니
전갈은 독침으로 물었다
곧 전갈은 강물에 다시 빠졌다
또 수도자는 전갈을 구해내자
그를 또 물었다
곁에서 구경하던 사람들이 물어보았다
전갈은 은혜를 모르고 독침을 쏘고 있는데
당신은 위험하지 않습니까?
선생님은 무엇때문에 계속 구해줍니까?
깨무는 것은 전갈의 성질이고

구도자의 성질은 도와줄 수 있을 때
남을 도와주는 것이오

인도 사람들은 至神에 이르는 공부는 하는데
신과 똑같이 되기를 바라지는 않는다
산야신이란 '미움도 없고, 사랑도 없는 사람(neti.....neti)'
이것도 아니고 저것도 아니다
최고의 경지에 이르는
즉 至神에 이르는 길목

힌두경전 말씀에 이르기를
산야신은 미래에 대해서도 걱정이 없고
현재에 대해서도 무관심하며
오직 영원한 자아와 일치하는
생활을 하는 것 이외에는
다른 것을 거들떠 보지 않는다
인도의 우주 시간은 실로 엄청나다
이들은 급하지 않다
다만 기다린다
자신의 진리의 눈이 스스로 열릴 때까지 공부한다

인도의 우주 시간은 상상도 못미친다
히말라야 산은 바위 덩어리로 되어 있다
새 한 마리가 입에 수건을 물고 날아간다
히말라야 산 가장자리를
한번 스치며 지나 간다
이렇게 하여 히말라야 산이 닳아 없어지면
우주 시간으로 하루가 지나간 셈이다

인도 구도자들의 정신은 깊고 깊고 무한하다
나는 가장 작은 원자보다도 작고
가장 큰 것보다 더 크다
나는 다양하고 다색적이고

사랑스럽고 이상한 온 우주이다
 나는 옛날부터 있었고
 나는 주인이다
 나는 황금의 신이다
 나는 거룩한 지복의 현신이다

죽음을 초월한 사람들

인도의 설화
기차 철로 위에
어떤 늙은 할머니가 누워 있었다
서양의 어떤 여행가가 철로 길을 지나다가
할머니 보고 왜 철로 길 위에 누워 있습니까 물었더니
할머니 대답이 나는 빨리 죽고 싶어서
도시락 점심을 싸가지고 와서 먹으면서
기차가 언제 올지 몰리시 기다리며
누워 있다고 했다

인도 사람들은 죽음을 초월한 사람들이 많다
수행을 해서 죽은 송장도 화장하거나
수장해 버린다
인도에 가보면 무덤을 볼 수가 없다
반면에 결혼식은 성황스럽게
인생에 가장 큰 잔치를 베푼다
불교와 자이나교는 인도의 깊은 사랑의 꽃이다
이 종교들은 동물에 대해서까지

자비와 자선, 초목까지도
생명의 자선을 베푸는 위대한 미덕은
이 세상에 둘도 없는 종교이다

멧돼지, 소, 말, 인도 소, 당나귀, 원숭이
양, 염소, 개, 코끼리, 낙타, 닭, 참새 등
온갖 짐승들이 사람들과 같이 산다
아! 아름다운 나라! 자비의 나라!
길거리에 짐승들은 자연스럽게 돌아다닌다
어떤 자동차든지 자전거든지
짐승을 조심하여 돌아서 간다
짐승을 박해하지 않는다
자비 있는 사람들이다

법, 예의, 도덕, 질서, 규범, 훈령, 훈시
지시, 명령, 강요는 이들에게는 전연 필요 없다
스스로 그대로 돌아간다
수레바퀴가 돌아가듯
해가 뜨면 해가 지듯이 그대로 돌아간다
강물이 흘러가듯 너무나 자연스럽다

타인의 의식에서 완전 해방되어 버려
초월한 사람들만 굴러다니는 것 같다

이들이 사는 것을 보면 20세기 문화 문명인지 아니면
이 사람들이 사는 것이 퇴보인지 알 수가 없다
인도가 발전하려면 수백 가지 언어와 문자를
통일시키지 않으면 인도는 발전을 기대할 수 없다
그리고 폐쇄적이고 독선적인
힌두교 개혁이 되어야 한다
예수교 같은 수준 높은 종교도
인도에서 받아들여야 인도는 빛이 날 것이다

히말라야 명산이여!
히말라야 명산이여!
아! 지구에 있는 사람들이라면
꼭 한번 가보고 싶어 하는 히말라야
세계의 지붕 名山이여!
세계의 신비, 聖神山이여!

인도는 북으로 가면 세계에서 가장 높고

만년설 신비의 성신 명산이
병풍처럼 둘러 앉아 있고
서로 가면 아라비아 해가 출렁이고
동으로 가면 뱅골만으로 둘러싸서
아시아에서 또렷하게 만년 신비가 샘처럼 솟아나고
7억의 입을 가진 좋은 나라

아리아 민족은 라마야나와 마하바라나
각각 일만편의 장대한 서사시를 가졌고
베다문명이 만트라, 브라마나스, 아랴나카스
우파니샤드, 베다 성전을 가졌고
불교의 8만 4천 방대한 경전을 가진
용감하고 밝고 지혜 있는 명상을 즐기는 민족이며
힌두 신앙 뿌리가 깊은
영원한 신비의 나라, 민족들이여….
인도는 볼수록 생각할수록
글을 쓸 수 없는 신비덩어리다
고대 베다 문명에 혁명의 횃불을 들고
세계적인 聖人 석가가 혜성처럼 나타났고
마하바라 大聖人이 탄생한 역사 깊은 골짜기를 가졌고

뿌리 깊은 힌두교 큰 등살에 신불교가
견디어 낼 수가 있겠는가?
인도 발상지에는 거의 불교가 없다
인도에서 발상한 불교는 타향살이 팔자를 타고 났는지…
중국, 일본, 태국, 스리랑카, 한국,
티벳, 아프가니스탄, 파키스탄
지금은 미국까지 객지에서 잘 살고 있다

나는 칼카타에서 태국으로
오늘 떠나야 한다
나는 인도에서 무엇을 보고
무엇을 깨닫고 무엇을 배웠나?
지금까지 토해낸 말은 허튼소리 뿐이다.
용서하라, 인도여!

니콘 카메라 이름을 테이프로 가려 버리고

나는 산타모니카 비치에 있었다
달밤에 모래사장 해변가를 혼자서 거닐면서
나는 한없이 울었다
저 넓은 태평양 바다, 끝없는 바다를 바라 본다
내 눈에서 끝나는 바다 끝 강원도 땅이라고 한다

나는 말없이 혼자서 바다 물소리와
더불어 눈물을 흘리면서
안주 없는 스카치 위스키를 마시면서
내 조국을 걱정해 본다

애국자는 세계를 돌아보아야 애국자가 된다
한없이 조국이 그립다
내 조국이 잘되어야
내가 대접을 받을 수 있는 것이다

가는 곳마다 고니찌와
당신 일본에서 오셨소
한국 사람이냐고 묻는 사람이

한 사람도 없다
태선이와 나는 카메라 덮개
니콘 이름을 테이프로 붙여 가려버렸다
수만리 이역땅 산너머 바다 건너
하늘 너머 멀어도
내 조국 눈물 속에서, 가슴속에서 역력히 본다
역력히 들린다
솥에서 죽 쑤는 소리, 밥 냄새 소리
무식한 사냥꾼들이 비둘기 잡아먹는 소리
지하에서 신음하는 소리
철모 속에서 총대가 노래 부르는 소리
갈치가 서로 꼬리 끊어먹는 소리
신문을 몽땅 먹어버리는 불가사리 소리
머리도 몸통도 없는 큰 손들만
유령처럼 날아다니는 소리
즐거워 노래 부르며 춤추는 소리
서울 하늘에 최루탄 냄새 때문에
눈물 흘리는 소리
너무나 역력히 들리고 보인다
아 내 조국 잘 사는 나라

그러나 더 잘 살고 싶다
민주주의 꽃봉우리는 언제쯤 맺으려나
이 나라는 언제까지 지구같이 무거운 짐을 걸머지고
절름발이 걸음을 걸으려나
내 조국의 소리 역력히 들린다
역력히 들린다.

인도, 이스라엘 순례를 마치고

태선이와 나는 태국, 대만을 잠깐 돌아보고
홍콩 공항에 내렸다
세관에서 경찰 5명이 달려들어서
이잡듯이 파고 든다
적어도 3시간은 넉넉히 똥구멍까지 조사를 받았다
똥구멍 속에 여자라도 숨겨 가지고 다닌 줄 알았는지
나보고 권총 안 가졌느냐고 한다

이스라엘 예수님 행적을 침배하러 깄다가
이곳에서는 4시간을 정밀검사를 받았다
예수님께서 걸어가신 길은 험한 가시밭길이었는데
이쯤이야…
인도에서는 인사 받기가 바빴다
가고 오는 사람들에게
홍콩에서 부터는 인사는 고사하고
국제 테러범 취급을 받았다
태선이와 나는 호텔에서 여장을 풀고
동대문시장 같은 길거리에 앉아
음식 먹는 서민 스타일 집을 찾았다

태선이와 나는 중국에서 제일 독한
마추타이 술 한병을 사서
주거니 받거니 코가 뱅뱅, 혓바닥이 흐늘흐늘
왔다갔다 하늘도 왔다갔다...

길거리를 발길 닿는 대로 걸어 간다
젊은 여인이 내 앞에 와 인사를 한다
혹시 한국에 있는 걸레스님 아니세요?란 말에
'네' 하고 나는 빙그레 웃었다
저녁식사 대접을 하고 싶다고 했다
몇 시간 전에 공항에서 테러범 취급을 받았고
지금은 구세주를 만난 것이다
더군다나 젊은 미녀를...
이래서 일진법에 24시간 분초까지도
운명, 행운이 변한다 했구나
이 여인 때문에 소문 퍼져서
여러 사장님들이며 젊은 아가씨들이 찾아왔다
나는 신이 났다
몇 개월간 여행하며 글 쓰고
작품하느라고 여자를 못만났다

남자들은 다음에 만나기로 하고
젊은 여자 꽃밭에서 놀기로 했다
첫날밤 홍콩에서 유명한 캬바레에서
새벽 4시까지 춤을 신나게 추었다
뉴욕에서 춤을 추어보고 처음 홍콩에서
신나게 좆나게 살풀이를 하는 거다
어찌되었던 홍콩에서 젊은 아가씨들에게 붙들려서
비행기 표를 두 번이나 연기
또 세 번 연기해서 싱가폴 가자는 것
어찌 되었던 홍콩 아가씨 죄끈했다
이제는 홍콩 탈출할 궁리뿐이다
술을 너무 먹어서 창자가 아파 죽겠다
홍콩에서 탈출 JAL기를 탔다
일본 아가씨가 태선이와 나를
일등석 좋은 자리에 모시더니
내가 좋아하는 술을 몽땅 대접 받았다
술이 대단히 취했다
동경 하네다 공항에 내렸다
입국 수속은 끝났는데 그 다음부터는
어떻게 되었는지 알 수가 없다

태선이와 나는 대합실 안방에 활개를 펴고
극락 꿈을 꾸고 있었다
누가 내 몸을 툭툭 친다
눈을 떠서 보니 일본 순경이었다
여기는 잠자는 곳이 아니라고
비행기에서 6시에 내렸는데
벌써 10시가 되어 있었다

태선이와 나는 동경역으로 달렸다
동경에 호텔이 다 만원
어찌할 도리가 없다
동경역 대합실에 옷을 깨끗이 벗고 깊이 잠들었다
1시쯤 되더니 순경이 와서
역 밖으로 나가라고 한다
별수가 없다
동경에 아는 사람 전화번호는 몽땅 잃어 버렸으니
설상가상
뒷날 낮에 내 아는 원두스님을
길거리에서 기적처럼 만났다
한국에 왔더니 이운호 사장이 역에서

전날 찾아다녔다고 한다
중광스님이 역에 나타났다고…
한국 사람이 연락해 주어서 알았다는 것
도저히 찾지 못하고 집에 돌아갔다고 했다
나는 만남의 인연을 곰곰이 생각해 본다
전날 만났으면 구세주인데…
반가운 원두스님 만난김에
일본 유명한 횟집으로 직행하여
일본 술 사게 70병을 퍼마셔
술독에 완전히 빠져 헤엄쳤다

일본 사람들이 놀랜다
평생 장사해도 오늘처럼 술 먹는 도가니는 처음이란다
일본에서 3일간 체류하고는
김포공항에 9시 30분에 내렸다
나는 집에는 알리지 않고
내가 좋아하는 여자 친구에게
공항에서 만나자고 일본에서 전화로 약속했었는데
눈이 빠져라고 기다리던 여친은 영영 나타나지 않고…
홍콩에서 오늘까지 숨가쁜 순간들이다.

태선이와 나는 공항에서 아는 사람들을 만났다
규원이란 놈을 만나기도 했다
이들과 술잔을 주거니 받거니 하다보니
새벽 5시에 집에 왔더니
노스님 노발대발이다
내 심정은 모르시고 말이다
세계 여행은 이렇게 끝났다.

4
걸레스님과 만난 사람들

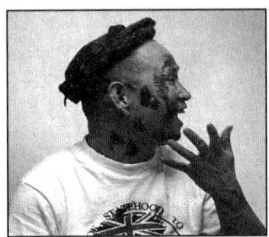

인연의 장

만남의 인연을 곱게 살려서 성실하게 인욕(忍辱)의 사랑으로 열매를 맺을 수가 있다면……

출국 전에 구상 형님 댁에서 나를 위한 송별회를 마련해 주었다. 그 자리에는 구상 형님과 마리아 보살님, 감로암 노스님, 조광호 신부님, 해인 수녀님, 김춘자 수녀님이 참석해 주님께 기도를 올렸다.

그때 구상 형님은 내 일기장에 '去平安 來平安(무사히 잘 갔다 오길 빌 뿐이다)'라고 적으시더니 '계해년 10월 5일 근상'이라고 써 주셨다.

이보다 더한 표현이 있겠는가? 조광호 신부님은 공중에 꽃문새가 하늘높이 나는 모습을 그리더니 다시 해를 그려 놓고 '새처럼 날아라 만세 조광호'라고 써 주셨고, 해인 수녀님은 별을 하늘에 그려 놓고 '좋은 여행이 되길 빌겠습니다. 그리고 건강하시고 그래서 더욱 좋은 그림, 뜨거운 그림 많이 그리실 수 있으시길 기도합니다'. 물처럼 구름처럼 자유로우시라고 해 주셨고, 김춘자 수녀님은 원을 그려 놓고, '스님, 해와 달과 별들이 노래를 계속 불러 이 세상에 기쁨을 주세요. 김춘자 올림'이라고 좋은 말씀을 써 주셨다.

다음날 김종규 사장님 댁에서 김충열박사, 김용옥박사, 백승길 형, 감로암 노스님, 윤청광 사장님, 랭카스터 박사, 로이스 랭카스터 작가 몇 명과 함께 송별회를 해 주시고 열심히 기도를 올려 주셨다.

주위의 염려로 나의 미국행은 매우 순조롭게 결실을 맺을 수 있었고, 다시 편안한 마음으로 돌아올 수 있었다.

귀국 후 나는 여러분들에게 찾아뵙지는 못하고 전화로만 안부를 드렸다. 만약 애인의 일이라면 인도나 아프리카까지 찾아갔을 텐데 성의가 부족한 점을 나 스스로 시인해 본다. 좋은 인연은 애인보다 더 소중하게 잘 찾아뵙고 감사함을 잊지 말고 다음부터는 정성들여 할 생각이다.

나는 금년 여름에 예수님의 성상을 석판화로 30점을 만들었다. 이 작업에 미화랑 이난영 사장님의 지원이 매우 컸다. 최근 몇 년간 예수님 성상을 꼭 모셔 볼려고 나는 원력을 세웠었다.

평소 나는 예수님의 모습만 보면 마음이 편안하고 거룩하심을 받아 잘 모시고 싶은 생각이 간절했다. 여러 작가들의 작품을 볼때마다 한결같이 느낄 수 있었던 것은 예수님 성상이 속되어 초연한 모습의 성상을 찾아볼 수 없었다.

예수님 성상을 잘 모시려면 내가 수행해서 욕심이 떨어지고 하나님을 만났을 때 작품이 나올 것이라 믿고 작품을 시작했다.

나는 먼저 예수님 성상이 잘 표현되어 있는 유럽에서 발행된 책들을 입수하여 탐독했다. 작품과의 끈질긴 싸움 끝에 마침내 작품을 완성할 수 있었다. 나는 작품이 마음에 들어서 표구를 해가지고 예수님 성상을 모신 액자를 구상 형님께 올렸다.

그로부터 며칠 후 구상 형님으로부터 연락이 왔다. 내가 갖는 것보다 김수환 추기경님께 예수님 성상을 모셔 올렸더니 추기경께서 매우 좋아하시더라고 말씀하셨다.

그뒤 지상을 통해 추기경께서 그림을 주고받은 인연을 자세히 말씀하신 것을 볼 수 있었다. 나의 보잘 것 없는 작품을 잘 모시고 있다니 나도 큰 기쁨이 아닐 수 없었다.

추기경님과는 몇 년 전에 인사를 한번 드린 바 있었지만 개인적으로는 말씀을 나눈 적이 없었다.

추기경의 작고하신 형님되시는 김동한 신부님은 몇 년 전에 뉴욕 손재용 사장님 댁에서 며칠 동안 숙식을 함께 해서 잘 아는 터였다.

어느 날 추기경께서 직접 내가 머물고 있는 감로암에 전화를 주시어 중광스님의 동자상 선사를 잘 받아서 고맙다고 하시면서 장도 여행의 무사 안녕을 빈다고 하셨다.

나는 마침 출타중이라시 직접 전화를 받시 못했고, 노스님께서 받으셨다. 노스님이 추기경께 올린 말씀중에 '중광스님은 항상 김수환 추기경님을 존경하기 때문에 구상 형님을 통해서 공양을 올린 것입니다'라고 말씀을 올렸다고 하셨다.

나는 추기경께서 손수 전화를 주신데 대해 늘 감사를 드리고 있다. 우리 종교인들이 이 그림을 통해서 귀한 만남이 얼마나 중요한가를 생각케 했다.

종교의 벽을 넘어 참사랑의 마음으로 만난다는 것은 이보다 더 좋은 만남은 없으며, 만남의 신비를 잘 살려 좋은 인연이 되고, 씨가 되고 사랑의 좋은 열매가 되길 진심으로 빌뿐이다.

나는 현대시학 표지를 2년 동안 연재하면서 좋은 분들을 많이 만났다. 구상 형님도 현대시학을 통해서 만났다. 이런 고고하고 깨끗하고 서로를 존경하고 아무런 사심없이 만남은 매우 귀한 인연이리라 여겨진다.

내가 지금까지 만난 사람들은 이런 지상에서 만난 사람들이 많다. 추기경님을 간접으로 예수님 성상을 통해서 만남은 더욱 기쁘며 아름다움이 아닐 수 없다.

미국에서 발행된 「THE DIRTY MOP(미친중)」이라는 시화집이 있는데 이 책은 아세아 휴머니스트 프레스에서 랭카스터 박사에 의해 발간되었다. 이 책 속에 예수님 성상이 모셔져 있었다.

어떤 사람은 왜 중이 예수님 성상을 모시느냐고 간혹 나에게 물어 왔다. 나는 '스님이라고 예수님 성상을 모시면 안될 것도 없지 않은가? 진실하고 착한 마음속에는 예수님, 부처님상이 따로 없어요. 모시는 사람의 마음가짐에 달려 있는 것입니다'하고 대답했다.

나의 주위엔 인연 깊은 사람들이 많다. 미국의 랭카스터 박사, 웨드웰, 제프노박, 롱선생님, 구상 시인, 손재용 사장님, 조영희 화가, 알마취, 도리스 보살 등 모두가 소중한 만남이다. 그리고 나는 비교적 많은 사람들을 즐겨 만났다.

나는 편지나 전화를 잘하지 않는 편이다. 거리에서 사람을 만나면 그때는 반가워 죽을 지경이다. 그러나 헤어지면 그것으로 그만이다. 서로 부담이 없다.

나는 전화나 편지를 기다리지도 않는다. 다만 젊은 여자에게만은 매우 철저한 편이다. 그러니 얌체 놈일 수 밖에 없다. 용서바랍니다. 하하하……

귀한 만남 중에 잊을 수 없는 일은 1977년 통도사에서의 일이다. 그 당시 나는 통도사에 머물면서 잠시 박물관 일을 본 적이 있다. 고미술을 다년간 연구했다고 나에게 그런 직책이 주어졌었다. 같은 해 미국 버클리대 랭카스터 박사 일행이 통도사로 나를 찾아 왔다. 랭카스터 박사가 내가 소장하고 있는 고미술품과 현대 작품들을 책으로 만들겠다고 나에게 제의해 왔다.

나는 이에 선뜻 응했다. 랭카스터 밀러사에서 책 2권을 내기로 계약을 체결하고 그로부터 일주일간 작품을 조사하고 엄선해서 모두 촬영을 했다.

미국에서 나의 책을 만든다고 하니 너무나 즐거운 일이었다. 밥도 제대로 목으로 넘어가질 않았고, 밤잠을 설쳐 댔다.

괜히 법당 안을 왔다갔다 하며 누구든지 중광이 제일이라고 칭찬만 좀 해주면 숨이 탁탁 넘어가니까 앵잿물이라도 먹고 만다. 너무 즐거울 때는 내 옆에 양잿물을 놓아두지 않는다. 덜컥 마셔버릴 수도 있는 것이 나의 체질이다.

너무나도 즐거운 나머지 술을 얼마나 퍼마셔댔는지 코로 토하기도 했다. 이때 얼마나 혼이 났던지 평소 하루에 20갑씩 피워 대던 담배와 눈만 뜨면 부어대던 술도 끊었다. 모든 것을 끊고 보니 남아의 매력은 반감이 되었다.

그로부터 3년이 지났다. 그토록 기다리던 책은 나오지 않았다. 주위 사람들은 '중광 작품이 별 수 있나. 미국 코큰놈들에게 사기당했지' 등 나를 비웃어 댔다. 만나는 사람마다 다 나를 보고 미친놈이라고 해대니 쥐구멍이라도 있으면 숨고 싶은 심정이었다.

누구 한사람 붙잡고 하소연 할 데도 없었다. 다시 나는 술을 마시게 되었다. 마실 정도가 아니라 퍼부었다. 토굴 같은 방에 꼼짝없이 앉아 줄담배만 피워댔다. 술 담배 이외에 먹는 것이라곤 거의 없었다.

하루 이틀이 아니다 보니 좆 힘마저 없어져 오줌도 제대로 나오지 않았다. 그렇듯 버려진 나날을 보내던 중 마침내 미국에서 책이 발행되었다. 이 얼마나 기다리던 희소식인가. 시들어 가던 잡초에 단비가 내린 것이다.

1979년 4월 19일 석초원에서 출판기념회를 가졌다. 눈물이 핑 돌았다. 어찌 보면 내 모습 그대로의 책이었다. 미친 중, 나는 미치지 않고는 못살아 가는 이 시대의 참으로 고독한 미친 중이다. 그래서 나는 걸레란 시를 쓰지 않았던가.

나는 또 기뻐서 얼마나 울었는지 모른다. 그러나 나와 함께 슬퍼해 줄 사람이 없었다. 너무나 고독했다. 혼자서 소주를 따라 마시며 울기도 했다. 그로부터 일주일 동안 밀폐된 나의 방에 틀어박혀 불도 켜지 않고 담배만 피워대며 내 깊은 가슴과 깊이 빛나는 눈동자만 스스로 비관하고 있었다. 이래서는 안되겠다는 생각이 들었다. 이제부터 더 열심히 공부를 하자, 내 인생을 다시 그려 보자 하는 마음이 불현듯 앞섰다. 나는 그동안 잠가 두었던 방문을 박차고 나왔다.

랭카스터 박사는 나를 이 세상에 한 번 더 태어나게 해주신 분이다. 그분의 은혜를 어찌 갚사오리까? 어찌 말로 다 감사함을 전할 수 있으오리까?

그로부터의 나날은 환희와 기쁨, 생의 즐거움이었다. 얼마 후 샌프란시스코에서 초대전이 열렸다. 이 조그마한 책 한권으로 내 생명의 촛불에 불을 당긴 것이다.

나는 오늘의 이 같은 행운은 결코 누가 내려준 것이 아니라 일상에서의 정직과 확고한 믿음에서 주어진 것이리라고 생각한다.

나는 뉴욕과 불란서, 영국을 갔을 때 우선 들리는 곳이 서점이었다. 내가 필요로 하는 책들을 사기도 하고, 구경도 하기 위해서였다. 그런데 그 속에 나의 책「THE MAD MONK」가 함께 진열되어 있지 않은가? 나는 나의 눈을 의심해 보지 않을 수 없었다. 너무나도 기뻤다.

영국 서점에서 나는 주인을 보고 이 책이 내 책이라고 자랑하며 싸인도 해주었다. 미국과 유럽, 일본을 다닐 때도 신분증 대신 책을 보여 주면 안되는 일이 없었다. 내 자신의 신분증 겸 자랑 겸 그렇지 않아도 자랑을 제일 잘하는 나로서는 당연한 것이었다. 이 책이 나를 구원해 준 것이다. 이 책이 아니었다면 나는 분명히 자살을 했을지도 모른다. 아니면 술로 죽지 않았으면 타락하던지 병신이 되었을지도 모를 일이다.

중광은 다시 태어났다. 그리고 뭔가를 해 내겠다고 스스로 다짐해 본다. 1980년 내가 처음 미국에 갈때 구상 형님께서 뉴욕에 있는 손재용 사장님에게 편지를 써주셨다. 그리고 로마교황청 대사관에 편지 한통을 써서 나에게 주셨다.

편지의 내용인즉 중광 스님이 미국 뉴욕이 처음 길이니 잘 보호해서 집에 같이 있게 해주면 좋겠다는 것이었다. 이 얼마나 고마운 일인가.

뉴욕에서 손재용 사장님 댁에 나와 함께 간 조영희와 함께 머물게 되었다. 그 분은 신심 있는 독실한 예수교 신자였다. 나의 책을 보시더니 매우 흥미 있는 책이라고 칭찬하시며 록펠러 재단, 뉴욕타임지, 현대미술관 등에 손수 책을 보내 주셨다.

그로부터 7일 후 뉴욕 아세아 소사이어티 갤러리 디렉터 아렌 워드웰 책임자로부터 전화가 왔다. 나를 만나고 싶다는 것이었다. 다음날 한국식 갈비집에서 손사장님과 나, 조영희와 함께 그 미국인을 만났다. 그는 나를 보고 그림들을 열심히 보더니 '원더플! 원더플!'하면서 자기네 화랑에서 발표하고 싶다고 제의해 왔다. 그는 자기들 화랑에서는 지금까지 작고하신 유명한 동양작가만 전시해 온 전통을 갖고 있는데 생존한 분의 초대전은 처음 있는 일이라며 매우 즐거워 했다.

나는 그들의 제의를 받아들였다. 나는 영어가 서툴다. 그래서 모든 통역은 손사장께서 해 주셨다.

미국에서의 활동과 유럽 나들이에 구애됨이 없이 다닐 수 있었던 것은 모두 그분의 덕택이다. 또한 구상 형님의 은혜에서 이루어진 것이리라.

그해 11월, 한국 생각이 나서 집으로 전화를 했더니 계엄군인들이 세 번이나 나를 체포하러 왔다 갔다고 했다. 당분간 미국에 그대로 있으라고 노스님이 말씀하셨다. 이 어두운 소식을 접하니 마음이 편할 수가 없었다.

세계적인 버클리대학에서 초청하여 미국에 와 전시 및 강연을 했고, 미국에서 책까지 나왔는데 나에게 상은 못줄망정 체포라니 기가 찬 일이었다.

그날부터 나는 술과의 싸움이 시작되었다. 그러나 한편으로는 잘

된 일이기도 했다. 한국을 도망갈 구실이 생겼으니 말이다. 뒤에 안 일이지만 나를 체포하겠다는 죄명은 골동품 재벌에 퇴폐풍조라는 것이었다.

이 무슨 날벼락인가? 나에게 멍에를 뒤집어 씌운 자가 그 누구인가? 나는 죄 없이 한국에 가서 취조를 받고 싶지 않았다. 당장 귀국해서 나의 결백함을 증명해 주고 싶었다. 그러나 이 같은 일로 관계 당국에 나타난다는 일도 죄인 같아 싫었다. 노스님이 보고 싶어 미칠 지경이었다. 단숨에라도 달려가고 싶을 뿐이었다.

나는 구상 형님에게 전화를 드렸다. 구상 형님께서는 나에게 한국에는 조금 있다가 오고 동경에서 만나자고 하셨다. 나는 이 말에 기분이 좋지 않아 동경에도 가지 않고 한국 쪽은 바라보지도 않았다. 귀국하고 싶은데 방법이 없었다. 그로부터 얼마 후 구상 형님께 다시 전화를 드렸더니 귀국하라고 하셨다. 모든 것을 정화위원회 정경식 부장검사와 구상 형님이 보증을 섰다는 것이었다.

나는 귀국하자마자 공항에서 곧장 남산 정화위원회로 달려갔다. 체포에 관계된 모든 일들을 자세히 말씀드렸더니 쉽게 혐의가 풀렸다. 이같이 중요한 일들을 구상 형님께서 해결해 주셨다. 그분이 아니었다면 나는 정처없이 떠돌아다니는 국제 유랑신이 되었을지도 모른다. 그림과 글도 다 끝나버렸을 것이다.

다시 뉴욕으로 돌아온 나는 조영희와 함께 다시 샌프란시스코로 향했다. 그곳에 도착하자「래핑맨(웃기는 사람들)」이라는 종교 잡지에 나의 특집 글이 실려 있었다. 또한 예수님과 테레사 수녀, 인도의 성자, 신부님들의 글들이 함께 수록되어 있었다.

이 잡지를 보고 그림을 사겠다고 제프노박이란 화상이 나를 찾아왔다. 그의 요구대로 나는 50점을 넘겨주었다. 그때 처음 랭카스터 박사와 제프노박 이름으로 은행구좌를 만들기도 했다. 작품 판돈을 은행에 입금시키기 위한 것이었다.

이때 나는 태어나 처음으로 은행 문턱을 들어서 봤다. 세상에 태어나 그림을 판돈으로 비행기를 타보기도 했다.

그림을 가져간 지 일주일만에 제프노박으로부터 전시회를 갖게 되었다는 연락이 왔다. 샌프란시스코 하이야트 호텔에 있는 롱갤러리에서 전시를 한다고 했다. 해외에서의 첫 전시회를 하게 된 것이다. 하늘이라도 날 것 같은 기쁨이었다.

며칠 후 나는 제프노박과 함께 샌프란시스코 자매위원회 회장을 맡고 있던 롱화백을 찾았다. 첫인상이 매우 깨끗하셨다.

그분은 한문, 영어, 불어, 일본어, 미술, 공예, 조각 등 다방면에 심미안을 지니고 계시는 작가이셨다. 또한 그분은 50세에 벌써 자기가 죽으면 남길 비석을 작품으로 만들어 놓고 감상을 하며 자랑을 했다.

전시회를 알리는 기사가 각 신문마다 연일 크게 보도되었고, 기자들이 얼마나 몰려들어 질문을 해대는지 나는 지쳐버리고 말았다. 그러나 모든 일들이 귀찮치 않았다. 그 후 나는 그 분으로부터 여러 면에서 도움을 받았다. 늘 감사해야겠다.

또한 그분은 후배들을 아껴주시고 사랑해 주시는 아름다움을 가지고 계셨다. 운보 김기창 화백과 같은 인물이셨다.

인연의 종류도 여러 가지다. 인연이 있어 괴롭고, 인연이 없어 괴롭고, 만나도 괴롭고 헤어져도 괴로우니 인연이란 괴로움이 얽힌

그물인가?

미국에서 내 책을 발행해 주신 랭카스터 박사가 나와 동갑이요, 아세아 소사이어티 갤러리의 책임자로 있으면서 뉴욕의 전시회를 마련해 주신 장본인인 어드웰도 나와 동갑이다. 또한 내 사진 작품을 열성을 다해 발표하시는 육명심 교수도 동갑이다. 이처럼 우리들의 만남은 대단히 귀한 인연이 아닐 수 없다.

1983년 12월, 미국의 손재용 사장님으로부터 한통의 편지를 받았다. 생존인으로서는 처음으로 뉴욕 아시아 소사이어티에서 전시 초대를 받았다는 것이었다. 전시 기간중 나의 시화집도 발간되어 나에게는 행운이 겹치고 있었다. 돈 한푼없이 나는 멋있게 국제전시회를 40일간 마칠 수 있었다. 또한 나의 주위에서 직접적으로 도움을 준 사람이 있는데 그가 바로 나의 제자인 김태선이다.
나의 미국에서의 나날은 눈코뜰 사이없이 바빴다. 그런 속에서도 나는 잊을 수 없는 곳을 찾았다. 바로 뉴욕 여자형무소였다.
어느 날 여자 형무소 당국에서 나를 찾아와 강연을 의뢰해 왔다. 어떻게 그들이 나를 찾아왔는가고 나 자신 의아해서 물었더니 뉴욕 전시회 기간중 나는 선화(禪畵)와 선시(禪詩)를 강의한 적이 있는데 그 자리에 참석했던 어떤 사회사업가가 보시고 형무소 간부를 찾아와 중광 스님이 형무소에 오셔서 강연을 해주시면 스트레스가 쌓인 죄수들에게 기쁨을 줄 수 있을 것 같다고 말했다는 것이었다. 그 소리를 듣고 찾아왔다는 것이었다.
그들은 나의 그림과 시 그리고 슬라이드를 상영해 줄 것을 부탁해 왔다. 나는 이미 계획된 콜롬비아 대학에서의 초청을 취소하고 이들의 요구를 쾌히 승낙했다.

나는 평소 여자들을 좋아하는 터이지만 특히 여자형무소에 매력을 느끼고 있었기 때문에 선뜻 응했다.

뉴욕 여자형무소 강당에는 많은 여자 죄수들이 모여 나를 기다리고 있었다. 나는 단상에 올라 그림 실습에 앞서 내가 미리 지정한 음악을 틀어주도록 기다렸다.

잠시 후 앰프에서 음악이 터져 나왔다. 곡목은 Metallica라는 그룹의 KILLEMALL(모두 죽여라)였다. 나는 템포에 맞춰 그림을 그리기 시작했다. 춤을 추어 가며 큰 붓을 들고 타작을 해 내려갔다.

나의 얼굴과 몸뚱이는 완전 물감 투성이었다. 마치 흙탕물 속에서 황소들이 한바탕 푸닥거리 하는 모습을 방불케 했다. 나는 완전히 신들인 무당처럼 날고 뛰며 그림을 그려내고 있었다. 이 순간 앉아 있던 여자 죄수들이 일제히 일어서더니 손뼉을 치면서 의자를 던지기도 하고 노래를 부르며 날뛰었다.

나는 큰 그림을 그려 놓고 그림 위에 물통, 신발, 옷, 붓, 벼루 등 손에 잡히는 대로 마구 던져서 파괴하는 장면에서는 죄수들도 함께 동요했다. 즉각 형무소 당국에서 강연을 중지해 달라고 했다. 나는 이에 관계없이 죄수들과 함께 신나게 뛰었다. 다 찢어진 그림을 둘러쓰니 마치 미친 무당과도 같았다. 찢어진 그림을 둘러쓰고 시 3편을 낭송하다보니 예정된 1시간이 다 되었다. 멋지게 끝이 난 셈이다.

형무소 측에서는 흥분의 도가니 속으로 여자 죄수들이 빠지자 폭동으로 돌변할까봐 염려하여 중지를 요구했던 모양이다. 형무소장은 나에게 매우 고마움을 표시했다.

나는 형무소에 나의 그림 몇 점과 예수님의 성상, 동자상을 기증했다. 참으로 내 일생에서 잊을 수 없는 강연회가 되었다.

나는 태선이와 함께 다시 샌프란시스코로 갔다. 도리스 보살님 집에서 우리 일행은 여장을 풀었다. 미국에 머무는 동안 물심양면으로 도움을 받았다. 샌프란시스코에서의 전시회도 성황리에 끝냈다. 전시 기간중 나는 알마취 기자로부터 별난 선물을 하나 받았다. 그는 나와 인터뷰를 끝내고 인조로 만든 성기를 가져다 주면서 '당신은 아무것도 갖지 않을 것 같아서 좆이나 가져라'고 하면서 좆권총을 선물했다. 나는 지금도 소중히 잘 보관하고 있다.

그는 미술 평론도 하고 있었는데 맨 처음 그를 만난 것은 하이야트호텔 롱 갤러리에서였다. 그는 반 거지였다. 그리고 매우 소탈했다.

나와 그는 10년 친구처럼 만나자마자 꺼안고 반기워헸다. 그는 자기 부인한테 두 번이나 쫓겨난 사람이라고 소개하면서 지금 부인은 당신같은 걸레를 좋아한다. 그렇기 때문에 나를 이해해서 함께 살고 있다고 하면서 소탈하게 자기 소개를 했다.

그는 「THE MAD MONK」란 책을 보고 난후 나와 인터뷰를 하고 싶었다고 했다. 나는 알마취 기자에게 스텐포드 대학에서 강연하던 말을 했다.

나는 동양학과에 그림 6점을 걸어 놓고 강연, 선화, 시낭송을 해 갔다. 이 그림은 13호 크기로서 화선지 모퉁이에 아무런 그림도 없고 단지 초록, 검정, 빨강 세 점만 찍힌 작품이었다. 이 작품을 보고 일본인 동양학 교수가 작품을 가리키면서 '저 작품의 뜻이 무엇입니까?'하고 나에게 물었다.

나는 그 질문에 '참다운 작품은 설명해 줄 수도 없고, 또 당신이 배울 수도 없다'고 했더니 그는 다시, '그러면 당신처럼 하면 어떻게 예술도 배울 수 있습니까?'하고 반문했다.

나는 다시 '작품을 하는데 기초 과정은 배울 수 있다. 그러나 창작적 참 예술은 적어도 느끼거나 깨달아야 한다. 예술은 배워서 되는 것이 아니다'고 말하자 옆에 있던 중국인 교수가 다시 '저 작품의 제목은 무엇입니까?'하고 질문했다.

이에 나는 '저 작품의 이름은 스텐포드 대학입니다'하고 대답했다. 그는 도저히 수긍이 가지 않는다는 듯이 고개를 갸우뚱거렸다. 스텐포트 대학은 미국에서 최고의 명문 대학이다. 이 같은 일들을 자세하게 이야기했더니 알마취 기자는 엉덩이를 탁 치면서 '참으로 멋진 답이요. 그야말로 무애무답입니다'라고 했다.

알마취 기자는 전시회 내용과 나의 사진을 곁들여서 신문에 소개했다. 신문사 편집부장과 사모님, 알마취 기자 롱 화백은 나에게 행운아라고 했다. 왜냐하면 레이건 대통령 피격사건이 얼마 전에 발생했기 때문에 그때라면 신문에 이와 같이 당신을 멋지게 소개할 수 없었다는 것이었다. 우리들은 중국집에서 만나 즐거운 대화를 나누었다.

랭카스터 박사 댁에서 2주일 동안 머물고 있었다. 그때 일어난 일화다.

저녁 식사를 하기 위해 식탁에 앉았다. 랭카스터, 부인 그리고 고등학교에 재학중인 아들 라이너, 딸 앤 양이 자리를 했다. 그리고 식탁 밑에는 개가 한 마리 앉아 있었다. 조영희는 몸이 아파 방안에 누워 있었다.

저녁 식사를 마치고 좌담을 하는데 마침 식탁 위에 영어 콘사이스 한권이 놓여 있었다. 나는 그 책을 들어 라이너에게 보이며 이름이 무엇이냐고 물었다.

그는 영어 콘사이스라고 재빨리 대답했다. 순간 나는 내 오른손으로 라이너의 입을 틀어막고 콘사이스를 보이며 무엇이냐고 다시 물었다. 라이너는 쩔쩔매고 있었다.

이 광경을 지켜보고 있던 부인이 내 손에 들려 있던 책을 빼앗더니 나에게 보이며 이름이 무엇이냐고 나에게 되물었다.

나는 부인의 손에서 책을 재빨리 뺏어내어 던져버린 후 빈손을 들어 보이며 이것이 무엇이냐고 물었다. 그러자 부인은 대답은 하지 않고 우유병을 찾아 들고는 내 머리에다 부어대면서 깔깔대고 웃었다.

나는 부인에게 웃는 뜻이 무엇이냐고 물었다. 부인은 한참을 그렇게 웃더니 '밥상 밑에 있는 개'라고 대답했다.

나는 부인을 껴안고 볼에 키스를 했다. 그러자 옆에 서 있던 랭카스터 박사가 박수를 쳤다. 이것이 랭카스터 박사 댁에서 일어난 선문답이란 화합된 즐거운 맛이었다. 이것이 바로 미국 사람들의 지혜였다.

다음 날 버클리 젠센터에서 강연 초대를 받았다. 나는 그림 몇 점을 벽에 걸어 놓고 그림 실기와 시 낭송을 해갔다. 강연이 무르익어 갈 때 여학생들이 다가와서 프로포즈를 했다.

나는 강연을 하다말고 한 여학생을 붙잡고 키스를 해버렸다. 키스를 할 때 그 학생의 유방이 가슴에 닿는 바람에 흥분이 되어 유방을 주물러 버렸다. 순간 여학생이 벌컥 화를 냈다. 키스만 하지 않고 유방을 마음대로 주물렀다는 것이다.

통역의 말이 그 학생이 나의 뺨을 때리고 싶다고 했다. 나는 허락해 버렸다. 그러자 여학생은 나에게 바싹 다가서더니 나의 뺨을 사정없이 내리쳤다. 멍청히 서서 맞기만 하던 나는 순간 달려들어 그 여학생을 껴안고 키스를 마구 퍼부었다. 여학생은 내 가슴에 파고들었다. 나는 내일 이불 속에서 만나자고 했다.

이날 강의는 입체적인 선(禪) 강의가 되고 말았다. 이 같은 일을 보더라도 확실히 미국인들은 여유가 있었다. 강의가 끝나고 어느 사람이 '당신도 걸레지만 그 여학생도 이 학교의 걸레요. 걸레끼리 잘 만났어요' 하며 폭소를 자아내게 했다. 강의실 문을 막 나서려는데 여학생들이 우르르 몰려들더니 키스를 원하고 나섰다. 나는 정신없이 그들의 볼에 입맞춤을 했다. 돌아오는 길에 랭카스터 박사는 '중광 멍크 유메이데스요'라고 하며 놀랬다는 것이었다.

12월의 캘리포니아의 밤은 포근했다. 나는 캘리포니아 힐즈버그 도요지에서 도예가들의 초청을 받고 강연을 했다. 20여명의 도예가들이 모여 있었다. 나는 우선 윗통을 벗어버렸다. 그리고 그림 실기를 보여주기 시작했다. 모두들 숨을 죽여 가며 나의 그림에 심취되고 있었다. 물론 나도 술을 마셔가며 열심히 그림을 그렸다. 저녁 7시부터 시작된 강연은 새벽이 되면서 절정에 달했다. 나는 흥에 겨워 옷을 홀랑 벗고 춤을 추기 시작했다. 그러자 이 자리에 모였던 모든 사람들이 일제히 나를 따라 옷을 벗고 춤을 추며 각기 특유의 그림들을 그려 가며 떠들어 댔다. 모두가 소탈한 도인들이었다.

한 도예가가 춤을 추다말고 독일작가 화집을 집어 들더니 밖으로 휙 집어던져 버렸다. '이것도 미술이냐'고 하면서. 다른 사람들 같으면 그 같은 짓을 할 수 없으리라. 그러나 그들은 단순했고, 소박하고 정직한 사람들이었다. 이런 류의 사람들을 나는 미국에서 많이 만날 수 있었다.

강연이 끝나고 나와 조영희는 도예가 로버트씨의 요청으로 그의 집으로 놀러 갔다. 자기 집에서 오늘 저녁을 지내고 내일 와이너리를 구경하기로 했다.

그의 집은 깊은 산속에 있었는데 순전히 나무로만 건축되어 있었다. 저녁식사를 마친 후 남녀들이 함께 공동탕에 들어가 목욕을 했다. 로버트는 총각이었다.

나는 그의 방이 관심이 있어 문을 열고 들어가 보았다. 넓은 방인에 침대가 놓여 있었다. 시트 위에 까만 피가 더덕더덕 묻어 있었다. 나는 그에게 이것이 무엇이냐고 물었다.

그는 빙그레 웃더니 여자들이 누워서 흘린 피라고 하면서 이것을 몇 년 동안 그대로 빨지 않고 남겨두기 때문에 그렇다고 했다. 나는 속으로 맙소사, 이 잡놈이 참으로 멋이 있는 놈이로구나. 나도 잡놈이지만 나보다 한 수 위의 잡놈이 또 있구나. 과연 미국에서나 볼 수 있는 것이라고 생각했다.

미국에서의 강연은 매우 만족한 것이었다. 나는 다시 불란서와 로마 교황청에 들릴 계획으로 미국을 출발했다. 불란서에서의 강연은 파리 부시장을 지내고 현재 하피대학 사무총장으로 있는 드몰랑 교수를 만나 그 대학에서 데몬스트레이션을 갖기로 하고 건너갔다.

파리에 도착한 후 친구 집에 여장을 풀고 친구에게 나의 불란서에서의 계획을 말해 주고 드몰랑에게 전화를 해달라고 부탁했다. 곧 드몰랑과 전화가 연결되었다.

나는 그에게 전화를 걸기 전 언제 찾아뵈면 좋겠느냐고만 묻고 다른 이야기는 하지 말라고 했다. 그런데 친구는 불란서 콧대 높은 척 하는 놈의 기를 꺾어야 한다면서 중광 작가가 뉴욕에서 불란서에 와 있는데 당신이 나올 수 없느냐고 해버렸다.

그쪽의 답변은 지금 독감에 걸려 누워 있으니 중광 작가가 와 주시던지 아니면 다음에 전화를 드리겠다고 하는 것이었다. 찾아뵌다고 사정을 해도 어려운 일인데 이쪽으로 나오라고 해버렸으니 전화를 받은 드몰랑으로선 기분이 좋을리 없었다. 친구의 못된 짓 때문에 중요한 만남이 허사가 되고 말았다.

나는 화가나 그 자리에서 싸움이 크게 붙었다. 나는 불란서는 물론 로마 교황청 방문도 모두 포기했다. 한국놈은 오나가나 말썽이다. 불란서 놈이 콧대가 높으면 높았지 우리가 무슨 관계가 있나, 내 할 일만 하면 될 일이지 왠 시비인가.

요즘 철이 들고 생각해 보니 그때 내가 잘못했다. 옆에 놈들이 잘못했더라도 딴 곳에 가서 따로 행동할 것을 내 일만 했더라면 로마, 불란서의 일을 다보고 돌아왔을 텐데, 그때 나는 참아야 했는데 그만 참지 못하고 딴 호텔로 가고 말았다.

불란서에서의 일이 잘되었으면 영국, 독일, 로마, 스위스 일까지 잘될 수 있었는데 그만 하루아침에 공염불이 되고 말았다.

로마 교황청에도 갔으나 교황청 대사관에 구상 형님께서 주신 편지와 소개장을 내밀지도 않고 잠간 들렸다 나와버렸다. 그때의 소개장을 지금도 봉한채 가지고 있다.

불란서에서의 일을 귀국 후에도 구상 형님께 말씀드리지 않았다. 지금 생각해 보면 몹시 후회스러운 일을 저지르고만 것이다. 좋은 인연중에 잘못된 일이 있더라도 참아야 한다. 모든 인연을 잘 회향해야 한다는 것을 늦게나마 깨우치게 되었다.

다시 미국 쪽으로 이야기를 돌려 본다. 나는 미국에서 전시할 작품을 가지고 노드웨스트 비행기에 올랐다. 비행기에 오른 나는 마음속으로 한없이 울었다. 늙으신 노스님만 두고 나만 훌쩍 떠나는 마음이 더 없이 괴로움을 주었다.

마지막 작별을 고할 때 노스님의 모습이 너무나 허약하고 처량해 보였다. 혹시 나 없는 동안에라도 돌아가시면 이떻게 하나 하는 걱정이 앞섰다. 나에게는 돈이 없어서 겨울 준비도 못해드리고 덜렁 전시하겠다고 비행기에 오른 것이다.

더 가슴 아픈 일은 미국에서 발행된 나의 책 500권을 구입하기로 했는데 돈이 준비가 되지 않아 고민하고 있는데 노스님께서 4백만원을 빌려다 주셨다. 후에 감로암 신도회 회장님께서 책값을 지불해 주셨다. 노스님이 아니었더라면 큰 실수를 할뻔 했다.

더욱 서글픈 일들 중 하나는 그림을 많이 가져가고도 내가 얼마 되지 않는 책값에 곤혹을 당하고 있는 것을 알면서도 아무도 협조해 주려들지 않았다.

나는 그림 한 점을 완성해 내기 위해서는 나의 혼과 정력을 쏟아낸다. 그런데 주위 사람들은 나로부터 공짜로 그림을 얻어낸 것을 매우 자랑스럽게 생각들을 하고 있었다. 자기는 돈을 주지 않고 그 사람으로부터 공짜로 얻어냈으니 자기를 알아 달라는 것과 같은 말이다.

 나는 세계 일주 여행을 떠나면서 비행기표 한 장과 1천불을 갖고 떠났다. 우리 돈으로 80만원이다. 아무리 나의 모습이 걸레라지만 막상 빈주머니로 외국에 나가려 하니 걱정이 앞섰다.

나는 노스님께 이런 걱정된 모습을 보이지 않으려고 웃는 얼굴을 보이며 잘 갔다 오겠다면서 손을 흔들어 보였다. 왜 이 같은 부질 없는 소리를 늘어놓느냐 하면 도인에게도 눈물이 있다는 것이다.

미국 출발 전 평소 가까이 지내던 친구가 찾아와서는 1천만원을 줄테니 그림 몇 점을 달라고 했다. 그러면 크게 도움이 되겠다고 했다. 나는 그 친구와의 우정으로 보더라도 거저 주고 싶었다. 나는 귀하게 보관하고 있던 작품을 전부 내주었다. 1천만원을 준다기에 나는 사양하고 3백만원만 가져다 노스님께 드리라고 했다. 그 친구는 돌아가면서 5일날 꼭 갖다 주겠다고 약속했다. 나는 이 친구를 믿고 가지고 있던 2백만원을 써버렸다. 나는 어릴 때부터 돈이 있으면 남아나지 않았다. 며칠 후 미국에 갈때 쓸 돈이었는데 그 친구가 3백만원을 준다고 했으니 아무 걱정없이 써버리고만 것이다.

나는 노스님께 친구가 3백만원을 가져 오면 어느 곳에 50만원 보내드리고 노스님 겨울살림 준비로 백만원을 쓰시고, 어려운 S에게 50만원, 내가 백만원을 기지고 떠나기로 말씀드렸다.

미국으로 떠나기 하루 전인 5일 자정까지 기다려도 돈 갖고 온다던 친구는 끝내 나타나지 않았다. 미국으로 떠나던 6일 아침에도 연락조차 없었다. 어쩔 수 없이 나는 비행장으로 나가 비행기에 올랐다. 비행기에 오르기 전에도 그리고 탑승하고서도 혹시나 그 친구가 돈을 갖고 달려오지 않겠나 하고 두리번거리기만 했다. 그러나 끝내 나타나지 않았다.

나는 그 친구의 말 한마디에 다른 사람들에게 거짓말쟁이가 되고 말았다.

미국에서 돌아와 그 친구를 만나 사정을 들어보니 오히려 내가 미안할 정도였다. 우리는 한바탕 웃고 모든 것을 잊기로 했다. 그 사건으로 해서 우리의 사이는 더욱 더 가까워졌다. 아무리 어려움이 많더라도 좋은 인욕과 사랑으로 받아주는 것이 참인간, 삶의 최대의 승리라고 믿고 있다.

이 같은 믿음과 실천으로부터 크게 배워 거울삼아 살고 있는 것이 슬거움 중에 하나이다. 악연은 절대 맺지를 말아야 한다. 그것은 대단히 괴로운 일이다. 또한 악연은 욕심과 탐심이 많은 사람에게 꼭 맺어진다. 분수에 넘치는 일, 양심에 걸리는 일, 도덕에 위배되는 일은 하지 말아야 하며 끝까지 믿음으로 살아야 한다.

인연이란 만나도 괴롭고 헤어져도 괴롭고, 있어도 괴롭고, 없어도 괴로운 것이다. 인연은 착한 일 하는 사람에게는 좋은 인연이 맺어지고 악한 일 하는 사람에게는 좋지 않은 인연이 맺어진다.

1979년 8월의 일이다. 일본에서 이름깨나 있는 동경하우스 오브 하우스에서 「重光美術集」을 발간하겠다고 한국을 다녀 간 적이 있었다.

두 차례에 걸쳐 많은 장비까지 갖고 와 나의 일상생활과 작품 과정을 세세하게 담아 갔다. 그로부터 2년이 흘렀는 데도 아무런 연락이 없었다.

미국 전시를 끝내고 돌아와 보니 일본 출판사로부터 한통의 편지가 와 있었다. 나는 반가움에 편지를 뜯어보았다. 편지를 펴보던 순간 나는 놀라고 말았다. 편지 내용은 부고장이었다. 전혀 예상치 못한 일이었다.

며칠 후 일본으로부터 다시 편지가 왔다. 내용인즉 회사 간부들이 대만을 가다가 비행기 추락 사고로 전원이 사망했다는 것이었다. 더욱이 내 책을 기획했던 책임자 시하찌이찌로 전무마저 세상을 떠났다는 것이었다. 편지 말미에 나의 책을 꼭 만들겠다고 하며 양해를 구하고 있었다.

나는 나무아미타불 나무아미타불 명복을 빌 뿐이었다.

그 후 많은 시간이 흘렀지만 아무런 연락이 없다. 미화랑의 이난영 대표가 일본엘 갔다 왔다. 그러나 아무런 소식이 없다.

그런데 미국 사람과 일본 사람과는 현저하게 틀리는 것 같다. 미국 사람들은 구두로 약속을 했어도 3년이 지난 후에도 꼭 연락이 와서 전시를 했는데, 일본 사람들은 편지 뿐 약속을 이행못하고 있었다. 미국에서 모두 네 번 전시를 했는데 다 약속을 지켰다. 나는 약속한다는 편지가 왔기 때문에 이 말을 하는 것이다.

어찌 되었던 인연이 안 닿으면 절대 안된다. 내 욕심 같아서는 일본에서도 책을 발행해 주었으면 이보다 더한 영광이 없겠다. 그러나 세상일이 마음대로 되는 것이 아니고 내 뜻을 이루지 못한 애석한 일이다.

내가 일본엘 건너가면 찾아가서 사진 찍어간 작품이라도 돌려달라고 할 참이다. 나는 지금까지 외국 활동하는데 일부 만남이 인연이 된 것을 좀 정리해 보았다.

인연 중에 아름다운 인연을 좋은 글로써 찬양하고 격려하고 토론하고 시비하고 이런 인연이라면 대단히 좋은 인연이리라.
나는 글로 미국은 물론 여러 나라 사람들에게 귀한 인연을 잘 맺어 왔다. 그리고 앞으로 나는 그림과 시, 글씨를 쓰다보니까 필연적으로 인연을 맺게 되었다.
글과 그림으로 만난 인연 중에 한국에서 가장 존경하는 분이 구상 형님이시다. 구상 형님은 1981년 미화랑에서 '중광초대전'을 했을 때 서문을 써주셨다.

—나는 한국 현대의 奇人이라고 할 인물들과 追逐을 많이 해온 편이다. 내가 직접 훈도를 받았거나 짙게 우애를 나누었던 분을 언뜻 떠올려도 시인 空超 吳相淳 선생을 비롯하여 석학 也人 金益鎭 선생, 화가 李仲燮, 砲大領 이기연 등 어쩌면 그분들과 만남이야말로 나의 이승에 있어서의 가장 큰 보람과 기쁨이라고나 하겠다. 그런데 이제 그분들은 다 가시고 내 주위에는 규격품처럼 왜소해진 인간들만이 남은 성 싶은데 이때 느닷없이 나타난 것이 重光이다. 禪氣炯炯 稚氣滿滿 겁나는 모순 덩어리로 처음 만났을 때는 그와의 대응이 고될 정도였다.
본질적으로 예술가에게는 원초적인 야성과 고도로 연마된 知性이 한사람 속에 있으며 진리와 허황이 한자리에 있게 마련이요, 이 모순과 대립이 심각할수록 그리고 이것을 통제해 낼수록 그의 예술은 精彩를 발한다. 왜냐하면 예술작품이란 진실과 거짓의 혼합물이기 때문이다. 즉, 예술을 만들게 하는 그 시심상태는 그야말로 邪無思한 것이지만 그림을 만드는 소위 형상화란 예술가의 모순적 양면을 천성적으로 너무나도 강열하게 지니고 있으며 더구나 그림이 구도적 견성실험 속에서 불꽃을 튀기고 있는 것이다. 그래서 그의 이러한 行色을 구도자로서는 無碍道人이요, 예술가로서는 稀世之材라는 칭송을 받기도 하고, 한편 파계한 돌중이요, 광태적 戱畵家로 비난을 퍼붓기도 한다. 그러나 나보고 말하라면 저러한 褒貶은 그의 드높은 수행이나 드맑은 예술에 대한 성급한 요청과 판단으로써 실재로도 지난 해의 그와 올해의 그, 또한 지난 해의 그의 그림과 올해의 그의 그림이 그 얼마나 상승했는지, 그 기괴로까지 보이던 그다운 정진이 어떤 결과를 가져 왔는지를 직접 접하면 경험할 수가 있을 것이다.

결론적으로 말하자면 重光이 도달하고, 또 도달하려는 경지 禪畵一如로써 인간의 예술의 본질적인 모순을 자기 안에 화해시키고 우리 앞에 해탈해 보일 날이 반드시 있을 것을 나는 굳게 믿으면서 찬부를 막론하고 勇往突進의 수행이 낳은 到底無比의 그림들을 한번 보아주기를 바라는 바이다.—

한국의 畵聖 운보의 아름다운 마음

우리나라 동양화 대가인 운보 김기창(金基昶) 대화성(大畵聖)님이 1984년 미화랑에서 '重光초대전' 서문을 쾌히 써주셨다는 말을 듣고 나는 대단히 고마웠다. 이난영 대표의 말을 빌리면 중광때문에 평론가를 찾아 가면 이 핑계 저 핑계 하며 회피한다는 것이었다.

나는 이 말을 듣고 대포를 쏘아댔다. 한국에는 똥파리 같은 평론가들이 많아. 특히 동양화 평론하는 사기꾼들이 많지. 평론은 무슨 평론이야, 작품이 말하는 것이지, 그대로 보고 그대로 듣는 것이지, 소위 평론가란 놈들이 장님이 장님 안경을 쓰고 앵무새처럼 미술에 술이나 떠벌이는 원숭이 재주꾼들이 평론된 말에 놀아나면 장님 따라 병신장님 화가 되고, 장님 화상이 되고, 장님 소장자가 되고, 다 장님 따라가다가 장님 구렁텅이에 빠지면 같이 구렁텅이에 빠지는 것도 모르고 사기를 당해도 사기를 당한 줄 모르고 사는 사람들이 너무나 많다.

특히 동양화에서 그런 일이 많다. 큰일 났다. 틀림없는 말이다. 작가는 창작이 아니면 작품이 아닌 줄 알아야 한다. 동양화를 보면 산수니 일반 그림을 보면 내내 백보, 십보 그게 그거다. 다 손재주 놀음이며 전혀 혼이 없고, 창작성이 없는 이미테이션을 그대로 복사해서 팔아먹는 것 자체가 누가 먼저 사기를 치고, 사기 친 물건에 후배나 소장자에게 사기를 치게 되어도 모르고 있는 것이 한국의 현실이다. 틀림없는 말이다.

가짜 화가도 정리되어야 하지만 이런 화가를 만든 것도 평론가에게 큰 책임이 있다. 한마디로 원숭이 박쥐같은 놈들이 너무나 많다. 그래서 한국에는 대예술가가 나오지 못하고 있는 것 같다. 그런데 김기창 대화백님은 아무런 구애를 받지 않는다. '중광스님의 그림이 좋으니까' 하시면서 서문을 바쁘신 가운데도 불구하고 써 주셨다고 했다. 얼마나 고마운가. 얼마나 고맙고 아름다운가.

후배들에게 글을 써주고 용기를 주고, 경책질을 해 주시고 더군다나 좋지 않은 그림인 데도 사주시고 이 어찌 아름다움이 아니겠는가. 화가가 추앙을 받으면 아름다워지고 아름다워져야 아름다운 그림이 나온다. 이런 아름다움은 우리들이 다 같이 배우고 실천해야 할 일이다. 특히 화가들 말이다. 아래 글은 '重光초대전'의 서문을 그대로 옮긴 것이다.

—그림이란 일정한 틀이 있어서 그리는 것은 아니다. 태고적 인간이 이 세상에 존재한 그때부터 이미 인간에게는 먹는 것, 자는 것, 사는 것과 함께 美意識이 있는 것이다. 나는 전문적이다, 화가다, 평론가다, 그렇게 내세우지 않아도 인간본성에서 우러난 미의식이 수준 높으면 그만이라 생각한다.

미술이란 아름다움을 기술로 보태서 하는 작업이지만 그런 복잡한 기본 재주는 진정 인간의 미의식과 그 본성에는 당치 못하는 것이다. 그래서 미술에 손재주가 앞서면 마치 창녀가 짙은 화장을 하는 꼴이 된다.

重光 — 그는 다만 인간 본성을 발휘하는 데서 참다운 美를 창출하고 있다.

나는 그림을 아주 즐겁게 바라볼 때마다 크게 공감한다. 그래서 나는 序文이라기 보다 이런 군소리로 重光의 본성에서 우러난 그림들을 찬양하는 바이다.—

(1984. 11)

雲甫 金基昶

張旭鎭 道人과 나

이왕 말이 나온 김에 내가 가장 존경하는 장욱진 도인께 이 지면을 통해서 사과 말씀을 좀 올려야 하겠다. 왜냐하면 독자들이 장욱진 도인과 나와의 관계를 간혹 물어 온다. 오해된 것들이 조금 있을 것 같아서.

1979년 통도사 불사 관계로 통도사에서 장욱진 화백님의 그림 몇 점을 구해달라고 나에게 부탁이 들어 왔다. 당시로선 나는 현대작가 그림을 전혀 소장하지 않았을 뿐만 아니라 그리 좋아하지도 않았다.
그런데 통도사 지일 스님, 법일 스님과 함께 나는 장욱진 화백님 댁을 방문하게 되었다. 나는 첫눈에 그분에게 반해 미쳐버렸다. 나는 그 자리에서 정중하게 큰 절을 올렸다. 산속에 있는 도인들은 다 타락하고 시중에 도인이 은거하고 계시구나 하고 나는 직감했다.
장욱진 화백님은 나를 보시더니 첫 말씀이 '그 중놈 중옷 제대로 입었군' 하셨다. 다 낡아빠진 너덜너덜한 떨어진 옷 입은 것을 보고 하시는 말씀이었다. '자 술 한잔 해'하시며 손수 술을 따라 주셨다. 그분의 말씀하시는 솜씨를 보아하니 도인이 틀림없었다. 그분에게서는 사심과 걸림이 없어 보였다. 첫 마디에 이쯤 이야기가 나오게 되면 불교에서 말하는 도(道) 공부는 다해 마치고 마을에 내려가서 보림회향(保林回向)하고 사는 도인으로 보면 틀림이 없었다.

그분은 대단히 귀하신 인물로 보였다. 내가 과찬을 하는 것이 아니라 과찬할 자격도 없지만, 이 시대에 실패된 인간으로, 사회적으로도 실패한 작품인 주제에 과찬을 할 수 있는가? 그래서 나는 엉뚱한 말을 했다. 내가 실패했기 때문에 바르게 보는 눈이 항시 파랗게 열려 있다.

장욱진 화백님의 그림들을 보면 순진무구한 도인의 법문과 소리와 냄새가 물씬 풍긴다. 일필휘지 먹으로 갈겨 놓은 작품은 기교가 완전히 끊어지고 완전 신필(神筆)임에 틀림없어 보였다.

이 같은 귀한 작품 4점을 통도사 서울 포교당 건립 기금으로 시주받았다. 이 같은 만남으로 해서 그 뒤로는 자주 만나뵙게 되었다. 두 사람은 만나면 그림은 하지 않고 술통 속에 빠지다시피 했다. 그 당시 나는 하루에 담배를 20갑씩 먹어 댔고, 술은 아예 술통 속에 드러누워 마실 때다.

가끔 나는 장도인님께 화선지와 붓을 갖다 올리면 일필휘지 먹으로 갈겨 놓은, 전율이 느낄 정도로의 무서운 필력과 신필이 쏟아져 나왔다.

나는 현재 이런 그림들을 몇 점 보관하고 있는데, 다시 볼 때마다 새로운 세계를 발견할 수 있다. 이 같은 필력은 장도인이 사욕도 없고, 명예욕, 재물욕, 애욕이 다 끊어진 세계의 법문의 소리였다. 나는 장욱진 도인이 세상에 물들지 않은 초연한 모습을 시로써 담아 보았다.

千崖萬崖에
흰구름 걸어 놓고
까치 데불고 앉아
소주 한잔 주거니 받거니
靑山들도 손뼉을 친다
달도 멍멍 개도 멍멍

나는 가끔 장욱진 도인과 필묵을 가지고 그림으로 화답을 했다. 이때 옆에는 서양화가 조영희가 항시 함께 자리를 했다.
술이 어느 정도 오르면 언제든지 내가 먼저 화선지나 스켓치북에 그림을 그려 놓으면 다음에는 장욱진 도인이 답을 했다.
나는 그분과 그림을 합작한 것이 아니라 그림 이전에 귀한 참 생명의 대화의 불을 당긴 것이었다.
그림을 통해서 말이다. 누가 뭐라 해도 장도인을 아는 사람은 나밖에 없다. 참 생명의 소리 말이다.
내가 보관하고 있는 그림 가운데에서,

① 내가 숫탉을 스켓치북에 그려 놓았더니 장도인이 까치가 하늘에서 내려오면서 닭에게 키스하는 장면을 그려 놓았다. 기가 막힌 대화다. 이 표현은 言前消息敎外別傳消息인 것이다.

② 내가 높은 바위를 그려 놓았더니 바위 위에 장도인이 편안하게 앉고 나무를 그려 까치까치 데불고 앉아 세상을 관조하고 있었다. 판치생모(板齒生毛) 화두까지 다 삶아 먹어들고 보림(任)하고 앉아 세상을 깔깔 웃으면서 보고 있는 것이다.

③ 내가 큰 화선지에 산을 그려 놓았더니 장도인이 산 옆에 덜렁 양다리를 활짝 큰 콩태(太)로 벌이고 팔로 베개를 해 누워 대취해서 콧소리가 높다. 이것은 완전 무가애로서 방하착(放下着)해 버리고 가는 세월, 오는 세월을 다 묶어 불쏘시개 하고 완전 자유인(自由人)의 모습을 그려 놓았다. 콧소리가 높다.

④ 봉 암놈, 숫놈이 암내 하면서 따라 가는 것을 그려 놓았더니 장도인이 어린아이와 강아지를 데리고 와 앉아 있는 모습을 그려 놓았다.

靑山가자 달 밝으니
에야로야노 에야로야노
곧은 낚시에 달이
건져 올라 온다.

⑤ 화선지 반절 위에 내가 큰 나무를 그려 놓았더니 장도인님이 나무 위에는 달을 그려 놓고 나무 밑에는 까치 두 마리가 노는 것을 그려 놓았다.

어리석은 개는 던진 돌을 쫓아 가고
사자는 돌을 던진 팔을 물어 버린다.

이 그림들은 모두 미국에서 발행된 나의 화집에 수록되어 있다. 여기서 특이한 것은 그림에 서로의 싸인이 없다는 것이다. 어찌

진면목을 싸인으로 다 표현하리요.

이름이란 것은 거짓이다. 이름 이전에 이심전심인 것이다. 이처럼 두 사람의 우정이 깊어갈 때 장도인과 나 사이에 묘한 사건이 발생하여 오늘날까지도 오해를 받고 있다. 이 같은 글을 써서는 안 되는 줄 알면서도 나는 끝내 쓰고 있는 것이다.

장도인과 함께 화답해 가며 그린 그림들이 나를 찾아왔던 기자들이 보고 참 좋은 자료라고 하면서 사진을 찍어 신문과 잡지에 게재해 버렸다. 나는 무심결에 전혀 예상치 않고 그림을 공개했는데 그만 엄청난 태풍을 몰고 왔다.

장도인 편에서 심한 꾸중을 들어야 했다. 왜 마음대로 지상에 발표했느냐는 것이었다. 장도인 제자들과 주위에서 중광이란 땡초 중놈이 대화가와 합작을 하다니, 창피하다고 일어선 것이었다.

이쯤되고 보니 장도인인들 어찌했겠는가. 난처한 입장에 처해진 것은 말할 수 없었으리라. 그분과 나와는 이 사건으로 해서 결별하게 되었다. 나는 지금껏 장도인을 스승처럼 귀하게 모셔 왔다.

일단 이 사건은 시간이 흐름에 따라 조용히 잊혀져 가고 있었다. 그로부터 2년 후인 1983년 12월 미국에서 발간된 나의 화집에도 문제의 그림들이 수록되어 있었다.

나는 미국 사람들에게 내가 소장하고 있던 그림들을 전부 내 주었는데 그곳 편집인들이 또 문제의 그림들을 수록한 것이었다.

나는 또 한 차례 꾸중을 들어야 할 일이 생긴 것이다. 벌써 책이 나온 지도 1년이 지나가고 있는데 아직도 그분에게 책을 갖다 드리지 못한 채 죄지은 사람으로 지내고 있다.

나는 이 지면을 통해서나마 사과할 것을 결심하고 장도인이 이 못난 후배 도인 새끼를 용서해 주시고 앞으로도 지도 편달을 빌 뿐이다. 이런 만남은 억지로 되는 것이 아니다. 운명의 만남이다. 독자들께서는 장도인과 나와의 관계를 아시고 바른 말을 해주시기 바랄 뿐이다. 더 이상 변명하고 싶지도 않다. 오직 용서를 빌 뿐이다. 나와 장욱진 도인과의 만남은 결코 우연만은 아니었다. 지금도 그 옛일들이 주마등처럼 스쳐 간다.

1979년 7월, 비가 내리던 날 나는 성북동 장욱진 도인 집으로 전화를 드렸더니 빨리 오라는 말씀이었다. 나는 서양화가 조영희와 함께 찾아 갔다. 현관에 들어서는 나를 보고 장도인께서는 '이 중놈아, 빨리 들어와' 하시면서 마시던 술잔을 건네주셨다.

사모님 눈을 피해가면서 먹는 술맛이 어찌나 좋은지 몰랐다. 더욱이 바카스병에 술을 감추어서 먹으니 꿀맛이었다. 이것은 술이 아니라 약이라고 하면서 살금살금 둘이서 먹었다.

술을 마시던 장도인이 갑자기 '중광아, 가만 그대로 앉아 있어, 네놈을 그릴터이니'하시더니 방으로 들어가셔서 스켓치북을 갖고 나오셔서 나의 자화상을 그리셨다.

"이놈아, 움직이지 말아. 네 머리 위에 까치를 그려놓을 테니 네가 움직이면 까치가 날아가 버린다."

하시면서 순식간에 나를 그려 나에게 건네 주셨다. 그림을 받아보니 뒷면에 내 자화상에 동자 부처님이 연꽃 위에 코끼리를 타고 있는 그림이 그려져 있었다.

나는 순간 놀라지 않을 수 없었다. 장도인과 부처님의 만남이었다. 이렇게 된 사실을 물어보았더니 작년에 스켓치하다 두었던 책인데 여기에 그림이 있을 줄이야, 자기도 전연 몰랐다는 것이었다. 이 같은 일이 어찌 숙명적인 만남이 아니겠는가? 일생에서 이 때처럼 즐거운 일이 없었다. 장도인께서 내가 도인 새끼임을 더욱 확인해 주신 것이다.

이 그림 때문에 나는 장도인을 더욱 숭배하게 되었고 따르게 되었다. 이 같은 인연으로 장도인의 그림을 몇 점 보관하고 있다. 또한 장도인이 낙서해서 휴지처럼 던져 버린 것을 나는 부처님 모시듯 간직하고 있다. 나는 이 그림만 모시고 있어도 더할 기쁨이 없다. 나는 이제 얼마간 작품 활동을 하다가 필을 완전히 꺾어버리고 방랑하고 싶은 생각뿐이다. 이젠 명성도 얻었고, 그림도 인정해 주는 사람들이 하나 둘 있고, 여자도 나를 잘 따라 준다. 참으로 나와는 관계가 없는 번뇌뿐이다.

나는 어린시절 서울까지 갈 차비가 없어 부산에서 구걸해서 대구까지 완행열차를 탔고, 대구에서 내려 또 차비를 구걸해서 대전까지, 다시 대전에서 차비를 구걸해서 서울 용산역까지 오기도 했다. 용산역에 내려서면 눈물이 먼저 핑 돌았다. 남산 밑에 개미집 같은 수많은 집들이 있지만 막상 내가 들어갈 곳은 아무 데도 없었다. 오늘에 와서는 그 때가 오히려 그립기만 하다. 여관비가 없어서 애인을 끌고 성북동 산골짜기에 들어가 추운 눈 위에 서서 사랑을 속삭이기도 했고, 갈 곳이 없어 남산 팔각정에 앉아 서울을 내려다보며 수십 번 눈물을 흘리기도 했다.

이제는 돈도 제법 만져가며 살다보니 오히려 인간 사는 맛이 안 난다. 한편으론 나의 가난한 정신이 타락되어 가는 것 같고 어릴 때부터 얻어먹는 거지 겸 방랑이 출가 전까지만 해도 나의 특기였는데 이젠 산다는 것 자체가 허탈할 뿐이다.

  나는 영원한 방랑자
  내가 가는 길을
  묻지를 말아라
  저 흘러가는 구름 보고
  가는 길을 물어 보아라
  나 보고 어떻게 살 것이냐고
  묻지를 말아라
  저 흘러가는 강물이 바다가
  되는 것을 물어 보아라
  나에게 말년을 어떻게 회향할 것이냐고
  묻지를 말아라
  나는 가난하게 살다가
  적당한 시기에
  스스로 목숨을 끊는 것이다.

하와이 동서문화센터 국제영화제에서

1983년 11월, 나는 하와이 동서문화센터가 주관하는 국제영화제에 '만다라' '만추' 영화와 함께 초대를 받아 참석했다. 영화제가 열리는 중에 나는 11월 12일 TV 채널14 교육방송(오시아닉)에 초대되어 토마스 잭슨 박사와 함께 일문일답을 나누었다. 그때 통역은 심박사가 맡았다.

방송에 들어가기 전에 담당자로부터 특별주문이 한 가지 들어왔다. 주문인즉, 중광스님께서는 씹, 좆과 같은 욕을 잘 하신다고 하는데 교육방송이니까 욕은 삼가하여 달라는 것이었다. 어디서 욕 잘한다는 것을 들은 모양이었다.

먼저 토마스 잭슨 박사가 말을 건넸다.

잭 슨 일반 사람들이 중광스님께 미친 중, 퇴폐풍조자, 파계승, 가짜 중이라고 해대는데 좋아하십니까? 좋아한다면 왜 좋아하시는지요?

중 광 나는 일반 사람들이 나에게 욕하는 것을 절대 관계하거나 싸우거나 화를 내지 않아요. 왜냐하면 사람 개개인이 비판할 수 있는 눈이 있고, 사람마다 사상과 이념이, 또 관찰할 수 있는 눈이 다르고, 즉 그릇대로 보는 수준이라는 것도 있고, 또는 입맛, 마음의 맛, 눈의 맛, 소리 맛이라는 것이 다 달라요. 자기 그릇대로 보기 때문에 하등 나와는 관계가 없어요. 그리고 참 수행을 하는 사람은 타인의 의식에서 해방되지 않고는 참 정신의 자유를 절대로 찾을 수가 없어요. 참 자유인은 생과 사에도 구애를 받지 않아요. 하물며 욕을 듣고 구박 받고 핍박을 받는다고 마음이 움직이겠습니까?

잭 슨 왜 욕하는 것을 좋아하십니까?

중 광 나는 미쳤다는 말을 매우 좋아합니다. 나는 무엇이든 자기가 하는 일에 완전히 미쳐 사는 것을 좋아해요. 연애도 하면 완전히 화끈하게 미치게 하고, 불을 태우면 화끈하게 타서 재가 되고, 재도 다 날아가 버리는 것을 좋아하지요.

잭 슨 당신은 왜 떨어진 옷을 입고 다닙니까?

중 광 나는 처음에 조계종 종단 감찰에서 승복을 빼앗기고 속복을 갈아입었어요. 그러나 지금은 누덕누덕 떨어진 작업복을 입고 싶어서 입고 있어요. 지금 입고 있는 작업복은 7년쯤 입었지요. 이 떨어진 작업복은 가장 아끼는 법복이지요. 나는 가끔 여자 치마를 입고 다니기도 해요. 무더운 여름날 노팬티를 하고 치마를 걸쳐 입으면 치마 밑으로 찬바람이 솔솔 들어와 매우 시원해요. 치마 속에 찬 물건 놈도 가끔 댄스를 하면서 하는 말이 '바로 여기가 극락이요' 하며 히죽히죽 웃지요. 이리 좋은 치마를 구상 형님을 찾아뵈올 때나 여의도 같은 데서 입고 다녔어요. 조계종에서 체탈이라는 중한 벌을 받고서도(체탈: 사형과 같은 처벌)나는 벌을 주거나 말거나 상을 주거나 말거나 나는 내가 살고 싶은대로 살 뿐이에요.

잭 슨 만다라에 나오는 화두 병속에 있는 새를 어떻게 잘 끄집어 내겠습니까? 스님은 어떻게 답을 하시겠습니까?

중 광 앞집에 고양이가 우리 집 고기를 훔쳐 먹었는데 설사는 우리집 고양이가 한다(속지 말아라) 할(喝).

잭 슨 부처님이 삼매에 드시고 고요히 정좌하고 앉아 계신 부처님과 중생의 고(苦)를 같이 받는 고통 받는 부처님 두분이 계신데 스님은 어느 부처님을 택하시겠습니까?

중 광 나는 그 두분 부처를 모조리 부수어서 불태워버리겠어요. 웬 잔소리가 그리 많은가 하고 호통을 치면서요.

잭 슨 왜 두분 부처님을 모조리 부수어 불태워버리겠다 하십니까?

중 광 부처란 말도 맞지 않는데 정에 든 부처니 고뇌 받은 부처니 웬 부질없는 소리냐 쏘아 붙이고 이런 말은 이론적으로 묻거나 답을 하면 근본 진리와는 멀어져요. 직관적으로 깨달아 마음에 계합이 되어야 한다. 9×9 = 81은 틀렸다. 부처님 똥 잘 싼다(속지 말이라) 나는 사기를 잘 친다.

잭 슨 생·노·병·사·윤회를 어떻게 생각하십니까? 어떻게 하면 윤회를 면합니까?

중 광 생·노·병·사·윤회란 말을 나에게 가져 오시오. 밀가루 빵을 만들어 구워먹어 버리겠소. 불교를 믿는 사람에게는 윤회가 있고, 안 믿는 사람에게는 윤회가 없지요.

잭 슨 스님은 좌선과 참선을 합니까? 그리고 호흡법도 하고 있습니까?

중 광 나는 좌선과 참선을 다 하고 있어요. 그러나 호흡법은 않고 세상이 시끄럽고 더러워서 똥구멍으로 숨을 쉬고 오줌구멍으로 콧노래를 부르며 살아가고 있어요.

잭 슨 이 지구상에 완전한 평화가 있겠습니까?

중 광 이 지구상에 평화니 천국이니 극락세계를 건설한다느니 다음 세상에 천국을 만든다고 한다느니 하는 말은 옛날 경전에 영원이니 천당이니 극락이니 다 토해낸 말찌꺼기에 불과하며 골빈 사기꾼들의 이야기지요. 목사나 신부나 중들이나 이 말을 팔지 않고는 먹고 살길이 없어요. 이 세상살이가 다 사기지요. 이런 사기만 알면 진리도 깨달으니까 허물 속에서 진리를 깨달을 수 있는 것입니다. 나는 중질하며 수도하는 놈이지만 문종이 한 장 가려진 문 밖에 일도 모르고 자기 마음 조복 못받고, 망상에 놀아나는 허깨비 몸뚱이가 아닌가 말이요. 완전한 평화는 절대 없어요. 완전한 평화라는 말 자체가 넌센스지요. 평화는 전쟁의 반대이며, 낙(樂)은 곧 고(苦)에요. 생(生)은 곧 사(死)지요. 파괴가 곧 건설이고요. 흥(興)이 곧 멸(滅)이며, 이 지구상에 인류는 삶의 싸움이지요. 사람은 탐·진·치와 자기와 싸움 하는 싸움의 개체이고 사람끼리 모여 사는 곳에 싸움이 없을 수가 없지요. 그래서 사람이 사는 곳에 절대 완전한 평화가 없어요. 부분적으로 평화가 있다면 평화는 힘이 없이는 영원히 평화를 바랄수가 없지요. 힘은 무엇이냐? 한 손에 사람·평화, 한손에는 총·칼·인간·휴머니스트는 이 지구상의 지상과제로서 이 작품은 바로 정치예요. 한마디로 평화란 무엇이냐 하면 여자 얼굴에 분바르는 것과 같다고나 할까요.
잭 슨 불교의 깨달음이라는 것은 현대인에게 가능합니까?
중 광 깨달음은 누구나 가능하다고 봅니다. 깨달음이라는 것은 깨달아 있는 그 자체가 또 깨달으려 하니 생각이 어리석어서 중생병에 걸리는 것이지요. 깨달음도 어려운데 깨달은 것을 버리는 것은 더욱 어렵지요. 내 말도 허물이 많아요.

잭 슨 스님은 두 번이나 파문을 당했다는데 아직도 불타를 믿고 계십니까?

중 광 나는 조계종 종단에서 두 번이나 쫓겨났지만 불교를 믿는 신앙과 수도정신은 한 번도 쫓겨난 적이 없어요. 그리고 불교를 20%, 예수교를 0.5%, 유교를 0.5%, 무당을 0.5%, 토속종교를 0.5%, 무조건 믿는 것 0.5%, 무조건 안 믿는 것 0.5%, 여러 종교를 나는 다 받아들여요. 나 자신을 60% 믿지요. 내 마음과 믿음은 솔직히 종합 비타민을 먹고 살지요.

잭 슨 당신은 작품 속에서 무엇을 말하려 하고 있습니까?

중 광 내 그림은 미친 사람은 미치게 보고, 성한 사람은 성하게 보고, 외눈배기는 외눈으로 보고, 내 그림은 아무런 의미가 없는 그림이 많아요. 나는 한국이 전통 불교 또는 유교, 청교도적인 사상과 관념, 화가·음악가·무용 등등 전통에 너무 집착하고 고정관념을 못 뛰어넘어 특히 한국이 후진을 못 면하는 큰 병중의 하나인 형식이론만 남아, 실천경험과 모험이 없는 즉 혼이 없는 허상을 완전히 무너뜨리고 새로운 시대상, 신표현, 살아 움직이는 이미지를 제시함과 동시에 실천, 직접 몸으로 체험한 창작에 삶을 투자하고 있지요. 참다운 창작은 전통을 완전히 파괴하지 않고는 새로운 것을 찾아낼 수가 없어요. 전통 파괴는 전통을 파괴하기 위하여 파괴하는 것이 아님을 명심해야 해요. 파괴하면서 구제하는 파괴가 물질문명에 오염된 잃어버린 참 인간상, 참 인간 순수 세계를 표출하는 작업을 하고 있어요.

내 그림에는 많은 동물들이 등장하고 있지요. 닭·소·말·학·쥐·호랑이·개·말들을 혼합으로 풍자 및 의인법을 써서 한국

불교, 한국인의 고정관념, 옛 낡아빠진 우물 안 개구리와 같은 생각, 사회에 금기된 것을 마음대로 자유자재한 모습으로 형식적인 관념, 이론적인 관념, 허상적인 논리를 모조리 부수어 버려요. 금기된 섹스와 명예에 대한 구속받고 있는 도덕적 관념, 법적 관념에서 해방은 건강한 정신과 건강한 철학을 낳고, 말이 물의 흐름을 말하고, 물은 고여 있으면 썩는다는 원리지요. 참다운 선이 예술의 뜻을 가진 작품은 설명할 수 없어요. 그리고 가르쳐 줄 수도 없구요. 또한 배울 수도 없지요. 최소한 느끼거나 깨달아야만 해요. 내 그림 속에는 힘이 펄펄 뛰는 마력도 있고, 천진난만한 어린애 장난 같은 그림도 있지요. 또한 선이 아주 부드러운 아름다운 천의 무의봉 같은 작품도 있고, 도 아무 의미도 없는 작품도 많아요. 나는 아무 의미도 없는 작품을 좋아하고, 앞으로 많이 할 것입니다. 또 참고로 말하고 싶은 것은 수행한 다는 것은 꼭 종교생활만 한다고 되는 것이 아니예요. 수행 또는 학문·철학·음악·미술·기계기능·무용, 그리고 남녀간의 성교 생활도 깊이 들어가면 틀림없이 깨닫게 되지요. 성교를 자유자재로 조절, 마치 물 흘러가듯 자연스럽게 할 수만 있다면 맺고 끊는 것을 마음대로 한다면 이 지구상에 최고의 작가가 될 수 있지요. 이렇게 되면 사람의 소견이 빨리 열리게 되고, 불가사의한 법을 깨닫게 되지요. 법을 깨닫고 보면 좋고 나쁜 것이 없어요. 어느 하나 털끝만큼도 버릴 벗이 없기 때문이지요. 그림은 작가의 자화상, 혼이 깃든 시각의 언어 역할도 하지요. 수행이 잘된 사람의 그림은 첫째 필력이 있고, 천진무고해서 속기가 절대 없어지지요. 그리고 부담이 없고 다만 좋을 뿐이지요.

잭 슨 젠 페인팅(禪畵)이 동양적이라고 보는데 당신의 서양 여행은 동양화에 어떤 영향을 미쳤다고 보고 있습니까?

중 광 참 인간의 혼은 동서가 따로 없어요. 생각과 이름을 붙여 동서남북이 있을 뿐이지요. 선은 원초적인 의미를 갖고 있어요. 피카소·샤갈·달리·미로·다프트·마티스 등은 다 깨달은 자의 작품이에요. 동양에 팔대산인 그림은 너무나 유명하지요. 석도 그림도 그렇고, 일본 부강철재 그림도 그렇고, 한국의 추사 작품도 크게 깨달은 자의 그림이에요. 그 다음에 내 작품이지요. 나를 알아주는 사람이 없으니까 내 자랑 내가 철저히 하지요. 내가 죽어버리면 자랑도 다 못해요. 살아있을 때 부지런히 해야겠지요.

잭 슨 당신은 미국인에게 젠(선) 예술에 대한 이해도를 어떻게 보십니까?

중 광 나는 미국인에게 젠 예술이라고 강조하지 않아요. 동서양화라고 구분해서 볼려고도 하지 않아요. 나는 순수한 회화라고 말할 뿐입니다. 미국 사람들은 이론적이 뒷받침이 있어야 합니다. 무엇을 설명하거나 설득하려면 더욱 그래요. 예술을 보는 직관력을 어느 민족도 따를 수 없지요. 어째서 그런가 하면 그들의 생활 자체가 지극히 자연스럽고 질서 있는 생활 속에서 살았고, 또 많이 보았고, 세계 방방곡곡 안닿는 곳 없이 아무런 형식적인 관념을 앞에 놓고 사물을 보려 하지 않아요. 그대로 눈에, 마음에 들어오는 대로 보기 때문이지요. 동양 사람보다 이해도가 대단히 높아요. 이에 비해 동양 사람들은 전통적 사상과 통념, 관념에 너무 집착하고 안일한 생각을 앞에 놓고 보기 때문에 창작적인 작품 앞에서 거부 반응적이고 잘 소화를 못시키고 있어요.

특히 자기 나라 민족의식을 꼭 앞세워 보기 때문에 졸견한 결과가 나오지요. 중국에는 대단히 높은 추상화가 벌써부터 있었어요. 옛날 동양에는 격조 높은 작품이 많았는데 지금은 그렇지가 않아요. 예술면도 미국 뉴욕 수준을 따라 갈 수가 없구요.

나는 TV인터뷰를 끝내고 심박사에게 혼이 빠져서 장가 가겠다고 농담조로 말했더니 '나는 영문학 박사니까 나에게 장가올 잡놈은 밑에 물건을 잘 쓰는 박사놈이라야 해요'라고 했다.
잭슨 박사와 인터뷰가 재미있게 최고의 올가니즘에 들어간 기분이라서 TV 촬영 하는 기사며, 연출자, 그리고 다른 스탭 모두가 흥분을 했다. 너무나 좋았다는 것이다.
인터뷰를 이토록 자연스럽게 잘하는 사람은 처음 보았다는 것이다. 한마디로 말해 걸레스님은 걸림 없는 맛이 있고, 명랑하고 당당하며, 맑은 사람이다. 당신의 말 한마디와 미소는 우리들의 마음을 편안하게 해 주는 마력을 가진 작가임에 틀림없다.
당신 옆에 있으면 첫째 마음이 편안하고 아무런 부담이 없다고 했다. 나는 잭슨 박사 보고 한국에 오면 우리 집에 꼭 와서 쉬고 가라고 했다. 우리 집에는 개집도 있고 쓰레기 창고 같은 작은방도 있음을 말해 주었다. 이 말에 잭슨 박사 대답이 당신 집에 내가 가면 개집에 살면서 개소리 멍멍 짖지도 당신을 물지도 않겠소. 이래서 또 한바탕 웃었다.
나는 잭슨에게 2~3년만 나와 같이 지내며 공부하면 세계적인 석학이 될 것이라고 했더니 잭슨 박사는 지금이라도 당장 가고 싶지만 하나님이 지금 내려와서 나에게 못가게 말리고 있다고 했다.

그래서 또 한바탕 웃었다.
통역을 맡아주셨던 심박사는 아무 거리낌없이 두 사람의 의견을 잘 전달해 주었다. 그는 훌륭한 통역가였음에 틀림없다. 8번에 걸친 하와이 여행이 더욱 그로 하여금 즐거웠다.

그대 천상의 새여

그대 천상의 새여 그대 걸레
나래가 수북이 깔려 있는
새들이 무덤 위로 날고 있다
한 마리 새가 창공을 날고 있다

날아라 새여 끝없이 마음껏 날아라
그대의 나래는 황금나래
하늘을 뚫고 영겁을 날아가
그대가 지상을 날을 때는
치솟는 야성이 철철 넘쳐라
자비와 평화의 새여

하와이 동서문화센터에서 만난 백영철, 박승배, 최상묵, 심박사를 나는 잊을 수 없다. 심박사는 여인과 동자를 그려 놓고 '심박사는 보살이요, 重光은 童子요'라고 했다.
옆에 있던 박승배 박사가 이 말을 받아 '重光형님은 우리들의 영원한 섹스요'라고 말해 일행을 크게 웃기셨다.

지금도 한국에서의 피로함과 작품이 잘 안될 때면 가끔 가고픈 곳이 하와이다.

5
걸레중광의 예술과 인간성

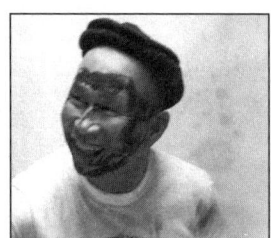

21세기의 기인 重光 —그 예술과 인간성

조 영 희(서양화가)

중광스님을 보면 글을 쓰고 싶고 써야 하는 이야기들이 너무 엄청 나서 본대로 겪은대로 쓴다 해도 한마디로 쓰기 어렵다함이 솔직한 심정이다.

입을 열자 하니 어디서부터 시작하여 서술하기 힘든 그 무애행(無碍行)을 어떻게 표현할지 엄두가 나지 않는다. 그의 선(禪)강의처럼 독자들이 그만 그를 깨달으면 그것이 그의 예술세계나 인간성을 알 수 있는 지름길이 될텐데 표현이란 제눈에 안경이라 그 심미안에 비친 상태밖에 표현하지 못하는 한계성을 지니게 되니 차라리 적절한 표현은 그만한 차원에 올라 서 있는 사람이 그를 본대로 느낀대로 그 이행을 서술하면 어느 정도 정확성이 있을까. 바로 독자들의 안목의 수준에 따라 걸레 중광의 모든 것이 무한(無限)으로 커지기도 하고 작아지기도 하는 것이다.

선사상(禪思想)에 입각한 무애행의 표출된 걸레의 천진불(天眞佛) 행동, 사상이나 정신이 자기화 된 순진무구한 무애도인(無碍道人)은 '둘이 둘이 아니요, 하나도 또 하나도 아니요. 티끌로 우주를 삼키며 사는 걸림 없는 무애사상, 정신예술과 생활, 인간성이 따로 분별될 수 없고, 정신이 곧 육체요, 육체가 곧 정신이지, 생활 자체가 곧 예술이지, 곧 예술은 생활의 참모습이다'라고 강조한다.
 '나를 알려면 공부를 해야 하지, 랭카스터가 나를 발견해 낸 것은 그만큼 높았기 때문이다. 뭐 무식한 친구들은 내가 장난이나 하는 줄 알았지 알아 주었어야지. 아무도 나를 알아주는 이 없는 고독에서 절정적이고 극한 상황에서 이런 시들이 나온 거지.'

　나는 걸레
　반은 미친 듯
　반은 성한 듯이 사는 게다
　삼천대천세계는 산산히 부서지고
　나는 참으로 고독해서
　넘실넘실 춤을 추는 거야
　나는 걸레
　남한강에 잉어가 싱싱하니
　탁주 한통 싣고 배를 띄워라
　별이랑, 달이랑, 고기랑, 떼들이 모여 들어
　별들은 노래를 부르고
　달들은 장구를 치고
　고기들은 칼을 들어
　고기 회를 만드오
　나는 탁주 한잔 꺾고서
　덩실 더덩실 춤을 추는 게다
　나는 걸레

이 시를 감상해 보면 중광스님이 절정적인 저항과 한과 눈물이 들어 있는 침으로 고독한 시(詩)이다.
나는 이 시를 낭송하는 소리를 듣고 눈물을 흘리지 않을 수가 없었다.
"스님 이왕 내친 김에 시 한수 더 읊어 주십시오."
하고 부탁을 드렸더니,
"그래 내 시 좋아. 내 시 감상할만 하지."
라고 했다.
꼭 어린애다. 말씨와 행동은 마치 네, 다섯 살 난 아이로 보면 좋다. '내 시 최고지' 자랑부터 앞선다. 어찌되었건 이 세상에서 보기 드문 사람이다.
중광스님은 한참 눈을 감고 있다 일어서더니,

하늘 보고 가갸거겨
땅을 보고 가갸거겨
사람 보고 가갸거겨
고양이 보고 가갸거겨
허공 보고 가갸거겨
정치 보고 가갸거겨
문명 보고 가겨거겨
부처 보고 가갸거겨
가갸거겨 보고 가갸거겨

중광스님의 그림도 좋지만 시도 대단히 격조가 높았다. 저런 시가 있기 때문에 그림에서 시적이며, 음악적이며, 철학적이며, 해학이 철철 넘치는 그림이 나오리라.
구상 선생님이 중광스님의 그림을 보고 하신 말씀이 있다.

'詩가 표현 이전에 존재하듯 중광의 그림은 언어 이전의 詩다.

또 시를 보고 하신 말씀 가운데,

'오늘의 예술가 일반은 시적이긴 해도 詩人이 아니다. 그중에서 중광은 시인이다.'

라고 하셨다.
중광스님의 말처럼 행동처럼 느낌으로는 지극히 단순하면서도 그의 예술세계나 인간성, 무애의 생활철학을 따로 분석해서 말하기는 매우 힘이 들고 복잡해질 뿐이다.
중광스님에 관한 기록의 글들을 쓰자니 나도 같이 취하고 미쳐서 그의 영혼과 혼합되어져 봐야 하겠건만 처음부터 처음 본 무애사상 세계며 인간을 초월한 인간의 세계라 강한 생명력이 넘치는 진리의 소리와 행동, 그 세계를 제대로 그리지 못하고 결국 나도 다른 이들처럼 내 이야기 밖에 못하는 게 아닐까.
가능하면 생생히 떠오르는 일화나 기록들을 적어볼까 하지만 그 무궁무진한 중광 철학의 세계 — 알고 모를 일화(逸話)의 보따리를 풀어 보려니까 미리부터 나는 몸살을 앓는 것 같다.

7장의 그림과 걸레 시

나는 시간 여유만 있으면 아니 가급적이면 일부러라도 전시회 작품들을 관람하는 것이 나의 직업의식에 의한 행위였는지는 모르겠으나 중광스님의 그림을 만나게 된 5년 동안은 무엇에 홀린 듯 전시회는 거의 한 번도 빠뜨리지 않고 찾아다녔다.

무엇인가 새로운 것이 나타났을까 싶어서 한 전시회라도 빠뜨리면 마음이 서운하고 꺼림칙하여 아무리 작은 전시회, 무명작가의 전시회도 빠뜨리지 않고 거의 매일을 일과인양 찾아 다녔다. 내 자신 할 일도 없구나. 남의 작품전이나 보러 다니고. 제 일할 생각은 아니하고 스스로 자책을 해 가면서도 어쨌건 발길 닿는 대로 무언가 새로운 세계가 나타나겠지 하는 집착과도 같은 막연한 기대가 드디어 엉뚱한 곳에서 엉뚱한 사람을 만나게 한 것이다.

원래가 사람에게 별로 신경을 쓰지 않는 터라 그림 그리시는 스님에게 보다는 그분의 그림을 보고 싶은 기대뿐이어서 내 언니 소개로 작은 암자에 들어가긴 들어가 섰는데 말끔한 승복 차림의 스님이란 이미지는 찾아볼 여유도 없었고, 그 좁은 방에 멋대로 쌓인 책을 모두가 진귀하고 값진 책과 골동품들. 여기저기 흩어져 딩구는 색펜과 물감들, 방안은 폭풍이 몰아친 뒤의 난장판 같았고 오줌단지, 술병, 담배꽁초가 산더미 같아 나는 정신이 하나도 없었다. 검정 브라자에 쌓인 낙관들, 헝클어진 치마와 장난감 모자들, 길이가 한뼘 정도의 미니 스커트, 흙이 뭉쳐진 짝 다른 양말들, 누드 사진과 에로 책자들, 그야말로 적나라하기 짝이 없는 혼을 쑥 빼놓은 방안이었다.

그런데 이 방에 앉으면 마음이 편안했고, 마음에 아무 부담감이 없어 좋았다. '걸레입니다'하는 개구쟁이 큰 아이 같은 모습에 어안이 벙벙했다. 이 세상에 이런 사람이….

사들고 간 소주와 담배는 으레 가져 와야 할 것인양 당연한 듯 받아 이내 홀홀 마셔 병을 비우고 보여 주겠다는 그림 앞에 앉았다. 그 좁은 방에서 화선지 전지의 그림들을 펼치니 방은 그림으로 꽉 차고 더더구나 사람이 눈에 보일 리 없었다. 굵직하게 울려 퍼지는 목소리, 어린아이 같이 그림을 가리키며 내 얼굴 표정 한번 보며 함께 맞장구를 치던 그 목소리 뿐, 내 온 영혼은 희열에 차서 바로 이것이구나! 바로 이 그림이구나! 어느 그림들과 비교조차 될 수 없는 최상급에서 초월한 그림, 그림에서도 초월한 그림 아닌 그림, 바로 이것이 참 회화이다, 이것이 참 혼이다, 참 생명이다. 이 좁은 방에서 우주가 뒤집히는 소리가 나왔구나!

나는 놀라움을 감출 수가 없었다. 나는 경이에 찬 감탄사를 연발하며 한 장 한 장 넘겨주는 그림들을 보며 나의 느낌을 이야기하니 그 이야기에 스님은 맞장구를 치면서 '그래요, 어쩌면 그리 그림을 잘 봐요. 맞아요, 이건 정말 잘된 작품이예요. 이건 외국 전시회 갈 것이고 그러니까 안되고 전시회 갔다 와서 한 장씩 드릴께요' 그러면서 안된 것 외의 것으로 3절지의 그림을 몇 장 주시며 '그림을 알아주니 반가워서 주는 거예요. 회화 학도라니까 참고로 하세요' 하시며 주셨다.

내 생각에 스님들은 주고 싶으면 주시나보다 싶어 세어보지도 않고 감사히 받았다. 그리고 스님은 취기어린 목소리로 신이 나면 시를 읊었다.

"이 시는 영국 왕립아세아학회에 초대받고 그 자리에서 읊었던 '21세기는 말한다'라는 시지. 대단히 맛이 있는 시야."

알몸으로 말을 타
실컷 야수가 되라
실컷 미쳐 보아라
땅이 좁거든 산으로
산이 좁거든 바다로
바다가 좁거든 하늘로
하늘로 치솟아라
하늘이 좁거든 마음으로
마음 마음.

" 21세기는 말한디 시 일부지 어때. 내 시 좋지?"
자화자찬해도 밉지가 않다. 스님의 '걸레 시' 하고 '21세기는 말한다' 이 시만 해도 엄청나게 훌륭한 시입니다. 놀란 것은 자화자찬 하는 데는 누구도 따를 수 없는 천재였다. 또 자랑할 만도 했다. 그 좋은 시 말이다.
그 시가 어디서 나왔을까. 나는 집으로 그날 그림 잘 보고, 시 감상 잘 하고 저녁 얻어먹고, 그림 얻고 귀한 사람 만나 뵙고 돌아왔다.
그림을 펼쳐보니 7장이었다. 나는 오늘 일로 이제는 더 이상 전시에 다닐 맛을 잃었다. 아무리 보아야 그게 그것 같고, 남은 모르려니 하지만 외지 표지 표절이 태반이고, 자기 것을 찾으려는 노력은 안보이고 너무 쉽게 양산해 내는 이력 위주의 작가들. 덩달아 아무 사상도 철학도 문제의식도 없이 그 어떤 안이한 상품들. 이제 그만 시간을 낭비할 필요는 없다.
 "언니, 내 말 들어보오. 내가 대학원 잘못 들어갔어. 그림은 학교에서 배워서 되는 것이 아니야. 예술은 깨달아야 돼. 그리고 작가로서의 철학이 있어야 돼. 예술은 배워서 되는 것이 아니야."
나는 대학원에 간 것이 대단히 후회스럽다. 괜히 허송세월만 보내고 남의 것만 배우면서 내 혼을 잃어버린 것이다. 어떻게 하면 내 혼을 주울 것이냐. 나는 큰 벽에 부딪힌 기분이며 암초에 걸린 심정이었다.
나도 먹을 좀 다루어 보아야 하겠다. 물감을 긁고 덧붙이고 하는 서양화는 복잡하기만 하고 이런 선화 앞에선 맥을 못추니… 자꾸자꾸 내 커다란 화면의 그림들이 힘이 빠져 형편없는 나약의 세계로 떨어지고 있었다.
보는 이로 하여금 쉬우면서도 힘을 온몸에 치솟게 하며 마음을 끌어당기는 저 그림은 얼마나 힘이 강하기에 저런 묵선이 나올까? 바로 오랜 수양과 공부를 겸한 터져 나오는 사상의 힘, 힘에서인가?
그 감격의 순간이 나를 두문분출케 했고, 동양화 하는 친구에게 슬쩍 묵의 농도며 묵선 쓰는 요령을 가르쳐 달라니까, 이 친구는 그림장수라도 할려는가 싶었던지 농담조로 받으며 돈만 많이 내란다. 남의 속도 모르고.

무애행과 자연사랑

그 후 며칠이 안되어 중광스님을 소개한 언니로부터 그림 관계로 만날 일이 있다며 만나고 싶다는 연락이 왔다. 그림에 관한 이야기라면 대화만 되면 언제나 좋다며 아무 생각없이 만났다.
"그림을 그렇게 많이 준건 처음이예요. 내 그림 얻기가 얼마나 어려운데... 그렇게 많이 주어 본 예가 없어요."
"그러게요. 스님들은 주고 싶으면 그림을 주는 걸로 알았는데 많이 주셨길래 제가 복이 많아서 그런 건가 생각했지요."
"그때 내가 돌았는지 너무 많이 준 것 같아서 어떻게 그 그림을 돌려받을까 생각하니 잠이 와야지요. 그림 두 점만 가지시고 다섯 점은 갖다 주시지요."
말씀하시는 것이 어린아이들이 친구에게 장난감을 주었다가 다시 에를 쓰고 찾는 모습 같은 소리다. 나는 웃었다.
"스님이 준 것 도로 찾으면 이마에 뿔이 납니다. 꼭 달라면 그림은 내가 가지고 있으니 그림은 내것이 옵니다. 꼭 달라면 주겠는데 조건이 있습니다. 중광스님하고 바꿉시다."
농을 했더니 허허 한바탕 웃고는,
"나는 여자들의 말에는 별수없이 녹으니까 말이다. 내일부터 감로암에 와서 먹좀 갈아 주셨으면 좋겠다. 앞으로 외국에 나가 전시회도 하고 많이 활동하려는데 그대가 내 옆에서 같이 공부하면서 나를 도와주면 대단한 힘이 되겠는데....어떻습니까?"
살살 솜씨 있는 바람기가 시작되었다. 예술에 굴복하면 사람에게도 굴복하게 되는가. 너무나 단도직입적이다. 허긴 나도 먹과 붓

다루는 법을 배워두고 싶었는데 내 머리에 문득 이런 그림이라면 내 인생을 투자해 보아도 후회는 없겠다 하는 자신감이 스쳤다. 응낙하는 데는 시간이 얼마 걸리지 않았다. 걸림 없는 그림처럼 너무 솔직하고 정직한 말에 오랫동안 굳게 안으로만 닫혀 있던 마음이 한순간에 날개가 돋친듯 튀어나옴을 나는 어쩔 수 없었다. 지난 일을 생각해 보면 그때의 모든 여건들이란 정반대에서 내 영혼이 그 그림에 완전히 빠져 있다는 이유만 아니면 육신이란 반작용으로 부대끼어 도저히 화응해 내기엔 힘든 그 고행들을 어찌 감당했을런지 도시 정신을 차릴 수 없는 상황으로 빠져듦은 바로 그 그림 때문이었다.

밤새껏 청마루에 앉아 소주를 목마른 이 냉수마시듯 마셔 가며 노래를 하다가 춤을 추다가 붓을 한 번 획 그어 대다가 종이를 획 구겨버려 던진다.

밤잠을 설치면 이튿날 동태눈이 되어 머릿속이 흐트러지는 나는 졸음으로 꾸벅꾸벅 먹물이 옆으로 튀다가 정신이 획 돌면 저만치 방문 앞엔 노스님이 성난 장승처럼 우뚝 서 계신다.

왜? 그처럼 감독을 철저히 하시는지 쉽게 알 수 있었다. 그것도, "나는 숨기는 것이 없어요. 숨겨서 뭘해. 워낙 여자들이 날 좋아하거든. 여자들이 날 꼬여 갈까봐 그래요. 공부 잘해서 큰스님 되는 게 우리 노스님의 소원이고, 그러라고 날 상당히 물심양면으로 투자를 해서 뒷바라지 해주셨는데. 우리 노스님이 나 때문에 고혈압까지 걸리고 다 죽어가는 나를 살려 주셨어요. 노스님 덕분에 내가 이렇게 공부하게 된 거요. 나는 실상은 거지였거든요. 붓자루 하나, 먹을 살 돈이 없었으니까. 뭐니뭐니 해도 나에게는 생명의

큰 은인이지요. 보살들이 들락거리면 딴 생각하게 된다고 다 쫓아
버리셨잖아요. 그래서 보살 신도가 끊어졌고, 절집 운영이 어려워
졌지요. 그래도 노스님은 끄덕 안해요. 거물이예요. 머리도 빠르고
내 행동하는 것 보면 척척 다 알아버리는데....
알고 속아 주고 내가 어디 가서 며칠 연락이 없으면 어디서 어떻
게 된 게 아닌가 하고 걱정하시느라 밥도 못잡수시기 때문에 내가
잘 해드려야지요. 그 은혜에 잘 보답해 드리기 위해서 내가 행동
을 잘해야 하는데…"
하며 그 이유를 말씀해 주셨다.
잘 해드려야 하는 줄을 알고 있으면서도 스님은 술만 들어갔다 하
면 이 세상이 다 자기 세상이 된다. 술이란 놈이 안들어 가도 걸림
없이 행동하지만 술독에 빠지고 나면 지나가는 자동차도 비껴가
지 않는다고 자동차에 발길질이요, 소란을 피운다고 사정하여 달
래던 순경이 화를 내게까지 되면 오히려 호통을 쳤다(이 큰소리들
은 모두 타당성을 지니고 있어 독자들은 이 큰소리를 기억해 둠이
좋을 듯하다).

"사람의 생명을 하나님같이 받드는 정신을 길러, 이놈의 운전사
들. 그리고 자그만 미물이라도 자동차 바퀴로 죽이면 안돼요. 생명
을 잘 살리면 명이 길고 복을 받아요. 세상 살아보아도 별 길몽도
없고, 어디나 혼이 없는 무골충들뿐, 대화가 되어야 말이지. 너무
고독하니 견딜 수가 없어서 하루는 술을 실컷 먹고는 부엌에 가서
석유를 몸에 몽땅 둘러써서 옷에 불을 붙이는데 노스님이 이불로
나를 덮쳐 불을 끄고 나를 쓰러뜨려서 살아나게 됐어."

술과 담배로 마음을 달래며 절망 속에 살았다고 했다. 먹을 항시 갈아 두니까 밤중에 자다가 갑자기 일어나서 방 천정에 그림을 그리고 싶어서 그림을 마구 그려 댄다. 그리고 먹물 물감을 천정에 자다 말고 뿌렸으니 잠자던 사람이 완전 소동이 일어난 것이다. 이런 일은 다반사였고, 어떤 때는 붓을 몸뚱이에 묶고 춤을 추면서 그리는 것 보면 저놈이 공부하다 완전 미친 것으로 알고 걱정됨이 한 두 번이 아니라는 일화를 노스님이 들려 주셨다.

"저놈이 나를 무던히도 애를 먹인 놈이요. 말을 이 입으로 어찌 다 해요. 내가 전생에 무슨 빚을 지었기에 저런 꼴을 보고 살까." 천정에 그림 그려 놓으니 신도들이 시비가 많아 새로 도배를 했다고 하셨다. 벽에 낙서투성이고 새로 도배해 놓으면 또 낙서하고. 그러면서도 노스님은 말씀하면서도 즐거운 표정이시다.

내가 명색이 비서였는데 그분의 양에 찼을 리가 만무했다. 눈치고 코치고 체면이고 예의고 도덕이고 전연 모르고 알아달라고도 하지 않고, 자기가 하고 싶은대로 자유자재 행동하며, 밤과 낮도 모르고 그의 걸림 없는 모든 굴레를 벗어버린 무애행위를 바로 저와 같은 사심 없는 펄펄 살아 움직이며 피가 터져 나올듯한 생명력 있는 작품이 나오게 했구나를 알았을 때 그림 하겠다고 도취되어 있는 내가 얼마나 경솔했는가 하는 자책감에 빠지기도 했지만 그것도 잠시, 그런 시간은 결코 길지 않았다.

생각은 많아도 실제 경험이 없는 나는 가끔 나의 사고방식이 빗나간 행위로 야단을 맞을 때가 많았다. 나로선 옳다고 행한 것이었지만....

얕은 차원 속의 나는 4차원 속에 사는 저분에겐 저 밑 세계의 한

미물에 지나지 아니했지만 저 그림을 향한 나의 성의라고 해야 정성을 다해 몇 년을 먹을 갈고 물통 물을 갈며 종이를 챙기는 일, 술통에 빠지면 일으켜 세우고 길거리에 큰 대자로 누워 잠이 들면 일으켜 감로암까지 모셔다 드리는 일뿐이었지만 그것이 나를 밉게 보지 아니했던 정일 뿐 삼천대천세계를 넘나들며 온 우주를 등허리에 걸쳐 업은 무한 정신력의 소유자인 그분에게 한두 시간 참으로 끄덕없이 걷고, 춤추고, 그림 그리며 시를 읊으며 공부하는 초인 ―

그에겐 생활 일체가 예술임과 동시에 사람 자체가 바로 종교요, 철학이요, 기인이요, 예술품이다. 화면 속의 배우만이 배우가 아니고 바로 저분은 사상을 지닌 산 명배우다.

온 거리, 온 우주를 무대로 주물럭거리며 허공에 옷을 걸어 두고 허공 잔을 들어 허공을 마시며 살아 움직이는 모습 하나 하나가 명연기자였다.

그러나 모를 일은 때때로 그를 좋아하고 그의 제자가 되고 싶다는 분들이 있었다는 것이다. 세상이 떠들기 전에 모든 이가 미쳤다고 비웃을 때 말이다.

나는 비서라는 말뿐이지 밤을 지키는 파수꾼 조수였다. 조용한 것만을 좋아하던 내 생활의 리듬이 파괴됨은 말할 것도 없었고, 온 집안이 들썩이기 시작함과 동시에 나는 큰 죄인처럼 식구들에게 저 무애행의 걸인, 대사상가, 대예술인, 성자 스님을 인식시키려고 피나는 노력을 했다.

온 식구들이 나에 대한 기대가 하루아침에 무너진 것은 고사하고 어안이 벙벙 울며 겨자먹기로 굽실거리지 아니할 수 없었던 식구들.

'술취한 도사라 건드릴 수도, 따끔하게 한마디 할 수도 없으니 그야말로 볼 수 없는 유치극치 찬란한 도인.'

구상 선생님이 중광보고 표현한 말씀이다. 또 한잔했구나 싶으면 그를 아는 분들은 모두가 조심조심이다. 비위가 거슬렸다 하면 밤새도록 어느 장소에서건 어느 누구도 꼬박 밤을 지새며 시달려야 하지만 술이 깨고 나면 그렇게 멀쩡하던 이론들에 죽은 것이다. 정연한 이론에 굽혀 꼼짝 못했다가 이튿날이면 무슨 이야기를 했는지 조차 모르기 때문이다.

묘한 광기의 발작 같으면서도 성령의 외침 같은 명언들. 그는 술 취하면 구구절절이 시요, 명언들을 어디서 그렇게 누에 실처럼 기어 나오는지 나도 따라 다니면서 기록을 했다.

그를 만나고 싶어 하던 분들이 마련한 초대석에서 그의 비위에 거슬리는 말(옳지 못한 견해나 편견에 치우친 따위 말들)했다가 처참하게 공격당하는 일들이 허다하다.

나는 옆에서 어떻게 저들의 상한 감정들을 위로해야 할지 몰랐다. 실컷 대접받고 야단쳐서 돌아가게 한다.

제주도에서 여름에 판사, 검사, 변호사들이 같이 놀다 말고 기분이 좋으니까 나이 먹은 변호사만 놓아두고 모조리 뺨을 올려 쳐댔다. 그래도 술좌석이 싸움 없이 끝나는 것이 불가사의한 중광스님께만 있는 오묘한 법력이리라. 결코 악의가 없는 자비와 사랑이 통하는 묘한 방(棒)인 것이다. 어찌 되었건 옆에 있는 나는 미안해서 몸둘바를 몰랐다.

중광스님은 술을 먹었다 하면 타협이라고는 전연 모른다. 저 스님은 분명 사람이 아니다. 아무튼 큰 마력을 지니고 있음에 틀림없다. 그래도 간혹 스님의 바른 소리에 감화가 되었다며 다시 만나자거나 찾아와 존경심을 표하는 이들도 있다.

하루는 일본에서 오신 김태식 화백님과 혜우스님, 법일스님, 중광스님이 대원암에 초대를 받았다. 이날 의형제를 맺고 술들이 너무 먹어 코가 뱅뱅 돌고 하늘이 왔다갔다들 했다. 방에는 김태식 화백이 정성들여 만든 동양화 병풍 두 틀이 있었다.

이때 중광스님이 김태식 화백을 보고, '나하고 합작합시다' 하며 병풍을 방바닥에 완전히 눕혀 펴놓고는 중광스님이 병풍 위로 마구 뛰어댔다. 그러니 병풍은 완전 너덜너덜 다 터지고 말았다. 병풍 두 틀을 그렇게 만들어 놓고 자기 싸인해서 작품을 했다는 것이었다. 이러고 나서 혼자서 넘실 넘실 춤을 추면서 방바닥에 쓰러져 눕는다.

오며 가며 행하는 그의 느닷없는 무의식적인 행위, 천지창조의 파편들과도 같고 언젠가는 이 파편들을 끌어들여 하나의 커다란 신천지를 창조하는 세계와도 같았다.

이런 진·선·미를 파괴하고 그 속에서 그림 아닌 진면목을 찾고 있고, 이런 신표현을 보이는 것을 누가 알겠는가. 뒤에 들리는 이야기로는 병풍사건 때문에 변상하라고 고발까지 당했다는 해프닝이 일어났다고 한다.

"내가 지금 어디에서 누굴 만나기로 했으니 준비하고 빨리 나오시오."

느닷없는 전화가 와도 빠지면 내 손해란 건 어느 때 무슨 진리의 말씀이 쏟아져 나올지 어떤 기행이 나올지에 대한 그의 기록을 위해서 뿐 아니라 그 귀한 그림들이 아무것도 아닌 양 너무 쉽게 욕심 많은 사람들의 손으로 들어가기 때문이다.

좋아하시는 술잔치도 좋고 겸손한 기호에 의한 한 장쯤의 그림도 좋지만 찢어버린 것 까지도 숨겼다가 들켜서 내놓으라고 고래고래 소리치게 하기 일쑤이다.

작품 관리에 그만큼 철저하니 챙기지 않으면 앞으로가 문제다. 찢어버릴 건 사정없이 찢고, 작은 낙서라도 남길 것만 남기고 그분의 작품 관리엔 나도 대찬성이다. 내가 할 바는 내가 챙겨야 하기 때문이다.

때로는 그림자 같은 내 존재가 그 순한 양을 마음대로 못해 가시처럼 여긴 적도 많았지만 나만큼 그림을 아끼고 챙길 사람이면 언제고 나오시오. 내가 마음놓고 바톤을 넘겨주리다. 이런 각오를 하지 않을 수 없었던 것은 차츰 그 그림과 인간 걸레 스님이 알려지기 시작하자 그림을 빙자해서 접근해 오는 이들이 많아서였다. 나는 스님 곁에 있으면서 중광스님이 대성하길 빌면서 철저하게 지켰다. 이러는 동안에 내 고생은 말로 다 할 수 없었다. 스님을 모신다는 것은 내 존재를 완전히 헌신짝처럼 버려야 한다.

어떤 때는 시간이 어찌되었는지도 모르고 밤중에 달려온다. 도중하차 하여 길을 잃었다 하며 엉뚱한 곳에서 방황하고 있는 저 유명한 분을 찾으러 나가야 했던 때도 한 두번이 아니었다. 집에 들어오면 으레 그림 그리겠다고 종이를 꺼내라고 집안 식구들을 다 깨운다. 이때 나는 큰 죄인이 된다.

내가 어째서 너를 데리고 다니는지? 넌 복이 많은 놈이야. 무슨 인연인지 몰라도 나 같은 미치광이를 따라 다니는걸 보면 너도 살짝 간 게 아니냐? 분명 나는 데리고 다녀 달라곤 아니 했는데. 내 비서요, 내 비서 어때요 하고 공개하시는 스님. 당연지사로 여기는 것이 워낙 까딱 아니하고 여자를 좋아하기 때문이라는 기호를 알고 있어서이기도 했지만 공개함에 한번 쳐다 봐주는 건 처음 있는 일이어서 그렇다는 걸로 보아 그의 언행처럼 수천의 여자가 거쳐 갔어도 따라 다닌 조수역은 내가 처음이란 스님의 말씀이 맞는 것 같다.

좀 내가 밝은 사람이 되어서 그를 따라 다니며 일거일동을 기록해 두었더라면 더 재미있고 생생한 기록들이 나올만 했겠는데 불투명한 나란 존재는 내가 의식하지 않아도 여자요, 스님을 따라 다니는 여성이라 걸리는 게 많았다.

저만큼 뒤떨어져 가다가 보면 반색을 하며 반기는 여인네들, 나를 부르는 소리에 안색이 바뀌어지니 내가 모르는 체 하기 일쑤이지만 그네들의 실망하는 표정이 안됐긴 하다. 하루속히 내가 졸업을 해야지. 역시 저 스님은 혼자여야 더한 자유를 누릴 수 있겠거든. 흘리고 다니는 그림만 아니면, 그리고 결실을 보는 날이면 언제고 이 바톤을 넘겨 줄 수 있을 때 내가 졸업하는 것이다.

비서는 비서이지만 명분이 서야지. 남들이 아는 것처럼 그렇게 호탕하고 쾌락을 좋아하는 타입은 전혀 아니다. 만약 그러하다면 그 모든 것이 다 밑거름이 되어 순수한 예술의 세계로 승화되었음이 분명하리라.

나의 존재는 스님과 둘인 상태에서도 걸림이 되는 것이 아닐까. 나도 노력은 했지만 혹 인간다운 내 욕구가 저 보드랍고 악의 없는 오후의 세계에 때라도 끼게 하거나 속화(俗化)라도 되게 한다면 작은 것을 얻은 반면 보다 귀한 것, 티 없는 심성을 잃게 함이 아닐까. 그런 염려스러움은 차라리 나도 걸레요, 거지로 화해 버리고 가는 날까지 가 볼까로 결론을 내리게 한 것이다. 내 마음은 집을 떠났었고, 정착을 모르는 저 기인의 영혼에 그림자처럼 따라 붙어 다녔다.

 '너도 걸레스님 덕분에 걸레 같이 되어가는구나. 옷 좀 잘 챙겨 입고 다녀라. 스님은 스님이라 해도.'
이런 류의 잔소리를 들은 게 사실이었지만 개의치 아니했다. 그러나 그를 아끼는 스님의, '중광의 가풍은 어디 갔소? 어째서 이렇게 보살처럼 되었지? 그러면 아니되는데…' 하시는 아쉬움엔 신경이 쓰였다.
그 천지를 뒤흔들 듯 하는 크고 무서운 목소리를 내가 알고 있는데 잠깐 사이 순한 양이 되었다고 저러시는가? 언제 어디서 어떤 발작을 할런지 모르는데… 이것이 아마 내 탓이리라.
그 알 수 없는 광란(狂亂)의 불이 가라앉기 전엔 온 주위가 피로했었고, 쓰러질 것만 같았었는데. 과연 그 가풍은 어떤 것에도 영향 받아선 안되는 것이구나. 그러면 누군가 시발탄을 안고 있는 그에게 겁 없는 기도를 보내고 있었는지. 멀리서 보고 존경하는 이들은 많았지만.

"참으시오. 중광!"
이 위로의 말로 술과 함께 그를 달래긴 했지만 신문을 보고 울기를 몇 번이며, 불효에 대한 생각이 불현듯 들면 어린아이처럼 그 검은 손으로 눈을 부비며 엉엉거렸다.

"내가 효도를 하려면 술을 끊어야 하는데… 또 노스님이 병이 났어요."
참으로 안타깝다. 그러나 모두가 다 스님을 염려해서이니 아무래도 술은 끊어야 한다. 끊는다 하면 과연 한 달이고 두 달이고 끊는다. 담배는 물론 술통 속에 빠져 술을 주식으로 걸레 시(詩)를 안주로 삼지 아니하면 사는 보람이 없다 하던 분이 숨이 막힐 지경의 줄담배 연기로 내 목을 허스키로 만들고, 양교인들의 눈쌀을 찌푸리게 하며 눈치도 못차리는 듯 옆에 선 나를 무안케 하던 그 담배들을 몽땅 끊는다. 하루 아침에.

一切가 唯心造라더니
끊는다 하면 처절하게 무섭게 끊어버린다.

지(紙)·필(筆)·묵(墨)만 있으면 절간 어디에서나 사무실에서나 호텔 여관방의 침대에서나 어디서건 작업장이 된다. 처처(處處)를 화실삼아 다녀도 외롭지 아니함은 그를 아끼는 많은 분들이 있다는 증거이다.
대화할 자 없어 그같이 고독하고, 고독하여 술통 속에 빠져 살면 인간성이 괴벽으로 흐르기 쉽겠건만 그가 많은 분들로부터 아낌을 받고 존경받고 있다는 것은 인간성이 모가 나지 않았다는 증거이다.
술에 취해 광란이 일 때는 다시는 안볼 것 같아도 그를 진정으로 아끼는 분들은 미리 미리 알아서 챙겨드린다. 도처를 걸림없이 다녀도 행인이 그를 어떻게 할 수 없음은 어디서건 그를 아끼는 분들이 튀어나오기 때문이다.

어쩌다 머리를 식히고 싶다는 연락이 오면 사람들을 피해(만나면 술을 먹어야 하고, 술좌석만 벌어지면 상대방 것 까지 몽땅 마시고 무어가 어떻게 되던 끝을 보아야 하니 때로는 자성하여 자제도 해야 한다는 걸 아셨던지) 시장구경을 간다.

사는 것 없이 구경을 하고 채소가게 앞을 지나다 고소풀이라도 있으면 몽땅 쓸어 가시고 때로는 노스님을 생각해서 장어를 사가기도 한다(얼마나 고소풀을 좋아하시는지는 감로암에서 식탁 위에 오른 채소 그릇을 들고 입에다 넣었다 빼곤 '내 침이 묻었으니 그리 아시오'하니 군침만 삼키며 아무도 더 수저를 내밀지 못하고 '그럴 수 있소?'하며 싸우는 걸 보고 알았다. 그뿐인가, 술안주로 시키는 돼지 머리보기는 썰지 말고 아예 통째로, 생선 횟거리도 통째로 주문해서 두 손으로 잡고 잡수셔야 양에 차 하신다. 먹을 줄 모르는 이들도 군침을 삼키며 구경 삼매에 드는 걸 한 두번 본 게 아니다. 모든 것이 몽땅 통째로다.

새 것을 마다하시는 스님에게 너덜거리는 모자나 찢어진 옷을 기워라도 드릴깝쇼 하면 더 크게 찍어서 공기통을 넓게 만들어 입고 거리를 활보하시며 '난 아무것도 필요없으니 돈이 있거든 OO에게 인사드리러 갑시다. 병환이 나셨다던데' 하시며 뭐라도 하나 살 돈은 병문안 행이 된다.

뜻하지 않은 돈이 생겼으면 역시 주머니 속에서 밖으로 나갈려고 춤을 추는지 우선 대포 한잔부터 꺾고, 생각하는 어려운 마을 사람들을 찾아뵙는 데도 게을리 하지 아니하신다.

새것이면 무엇이든 손으로 한번 구겨야 한다는 스님은 받아 든 모자를 신나게 구겨서 다시 펴 모양을 만들어서 쓰시고 폼을 콱 잡고서 지나는 이들로 하여금 배꼽을 잡게 한다.
어린애가 가진 인형을 보시고 인형 하나 사달라고 조르시기에 인형 도매상으로 안내해 드리니 커다란 아이만한 인형 조지를 덥석 잡으시고 어디 이런 놈이 있냐며 당장에 비닐 끈으로 묶어 어깨에 매셨다. 배불룩이 너덜거리는 생선장수 돈 가방과 함께.
"참 이놈은 복도 많네. 나한테 걸려서 바깥세상 구경 다 하며 안 가는 데 없이 따라다니네. 어쩌면 이놈이 날 이렇게 닮았나 몰라. 내 아들놈아!"
어찌나 주물렀던지 하루는 얼굴이 깜둥이가 되고 한쪽 눈이 너덜거리고 코가 떨어져 나간 아들놈이 싫증이 났던지 다른 걸로 하나 구해 달라 하셨다. 그 둘째 놈도 역시 복이 많아서 그의 어깨에 매달려 비행기로 미국까지 건너가는 영광을 가졌고, 그곳의 친구 Anny에게 맡겨져 노랑머리 그의 미국 친구들과 함께 Anny의 방을 지키고 있다.
'나는 잘한다 잘한다 하면 양잿물도 마셔요.'
잘한다고 부추기면 신바람이 나서 날뛰는 아이처럼 사람들 앞에서 하는 자랑들은 과연 그럴싸하다.
전혀 예상치 못한 기행들과 무계획적인 행위들이 나를 당황하고 피로케 했고, 정신이 번쩍 번쩍 들게 할 때도 있었다.
"여보시오. 오래간만이오. 비서님 빨리 택시타고 노트 가지고 나오시오. 급해요."
말이 떨어지기 무섭게 나는 당시는 고무줄인양 달려 나가고, 그날 일진이 좋으면 웃으며 돌아오고, 운수 사나운 날이면 울며 땅을 차면서 돌아와야 했다. 때로는 희비쌍곡선들이 범벅이 되어 혼자

웃으며 화내며 돌아오는 때도 한 두 번이 아니었다.

나는 영혼을 빼앗긴 물건인가? 스님이 도인이니 나까지 도인이고 신(神)인 줄 착각하고 그러시는 건가? 울렸다 웃겼다 하게. 나만 그런 것이 아니었다. 그분 옆에 있던 이들은 누구나 그들의 일진에 따라 그가 흔드는 마술방망이에 맞았다 비행접시에 올려 앉혔다 했으니까.

그는 정녕 자유자재의 인간 마술사이기도 했다. 그는 달마에 통했고, 여자에 통했고, 모든 것에 통했기 때문에 걸림이 없고 무질서, 무계획적인 고행(苦行)으로 보이나 철저한 질서와 논리가 함께 하고 있는 것이다.

"나는 비승비속(非僧非俗)이지. 내가 승적을 제적당했어도 사람들은 나보고 스님이라고 부르고 깍듯이 대접하는데 뭐. 내 나름대로 중질해도 되고 안해도 되고, 내 마음만 정직하고 실력 있으면 어디를 가도 대접받으니까. 나는 아무것도 갖지를 않으니까, 갖지 않아도 다 되게 되어 있으니까, 굳이 가지려고도 안해. 돈? 내 수중에 들어왔다고 내 것인 줄 알아? 몸뚱이고 뭐고 다 내 것이 아니야. 하물며 종이장 따위야 다 거쳐 가는 거지. 돈이란 돌아야 해. 무슨 걱정이냐? 세상 여자가 다 내 것이고, 한국은행 돈이 다 내 것인데, 임자 있는 게 무어냐?"

큰소리치지 않아도 이 같은 큰소리가 어디 있담. 방안으로 가득 쌓였던 책과 아끼던 골동품들, 하루아침에 필요로 한다는 사람들에게 깨끗이 나누어 주시고.

"나는 이제 필요 없으니 다른 이들 공부에 도움이 되라고 주어 버렸어요 깨끗이. 갖지 않으니 달라는 사람이 없어서 한가해 좋더군요."

"어떻게 모은 귀한 자료들인데요."

"모을 땐 미친듯이 모았지요. 오래 전부터 절집 부엌에 불쏘시개 감으로 굴러다니는 찢겨진 병풍들이니 뒷전으로 물러나 굴러다니는 옛것들을, 우리 조상 것이나 잘 받들어 모셔야겠다는 마음에서였지요. 그리고 내가 착하니까 또 좋은 것만 내게 오더군요. 일부러 비싼 돈을 주고 구한 것들도 있어요. 바깥으로 흘러나갈까봐 어디에 무엇이 있다는 얘기만 들리면 달려가 감정을 하고 구했지요. 그것이 자연히 공부가 되었고, 귀한 자료들이어서 통도사에 작은 박물관까지 설립했지요. 시간과 돈도 많이 들었고 왔다 갔다 찾아다닌 곳도 많아요. 그렇게 공부했고, 또 전부 떨쳐버린 데서 내 것이 나온 거예요. 중광이 가진 것은 무엇이든 다 좋은 거라 소문이 나 있어서 빌려 가면 가져 오지 아니하고, 또 강도는 물론 달라는 사람들이 많아서 중요한 건 박물관에 기증하고 그 나머지 책들은 공부하는 사람들에게 나누어 준 거예요. 나는 이제 아무것도 필요가 없고, 내 몸뚱이 하나만 잃어버리지 않으면 돼요. 내 것(창작)만 가지고도 충분해요."

중광스님은 남녀노소, 신분, 빈부에 차별 없이 사람들에게 한결같이 대하시며 개, 고양이 할것없이 동물도 사랑하신다. 고양이 보험통장 예를 보아도 알 수 있듯이, 그는 산천초목, 바위, 작은 돌에 이르기까지 자연을 아끼며 사랑한다.

한번은 예쁜 돌인 줄 알고 집었다가 별로 신통치 아니하여 던져버렸더니 '그렇게 하는 게 아니예요. 가만히 가만히 놓아야 해요. 부딪치지 아니하게, 작은 거라고 그렇게 함부로 하면 안돼요'라고 하셨다.

그게 무어 그리 중요한 것인가? 생각없이 그러했는데…그런데 그것이 아니었다. 아주 작은 일, 작은 물건, 심지어는 보이지 않는 것까지 모두가 중요한 것이다.

길가다 말고 저쪽 허공을 향해 손을 흔들며 절을 하기에 누가 있나 하고 살펴보아도 보이는 이는 아무도 없었다.

"왜 그러시지요?"

"내가 하고 싶어서 그래. 저 산, 저 나무들, 허공 모두 나를 알고 있어."

땅바닥에 엎질러진 소주를 아까워하면 '괜찮아, 땅도 목이 마를 테니 마셔야지. 내 바지도 좀 마시거라. 마시게 내버려 둬요.' 라고 하셨다.

아무것도 보아 주지 않는 허공 한 가운데서건 사람들로 가득 찬 기차나 버스 속에서건 노래하며 춤추며 자작시를 읊을 때엔 깜짝 놀라 피하는 이가 있는가 하면 함께 춤추며 노래하는 이들도 있었다.

"뉘시오. 보통 분은 아니신 것 같은데…"

"네 제가 걸레도인(盜人)입니다. 도적도인이요."

이 말에 한바탕 웃음바다가 된다. 실로 통쾌한 웃음이다. 자신을 걸레요 도적이라니, 요즈음 세상엔 '척'하지 못해 애를 쓰는데…

"이게 다 포교지. 이게 진짜 포교라고. 내가 할 일이 없어 술이나 얻어 마실려고 초청하는 데마다 나가는 줄 알아요. 천만에, 그들은 일부러 날 모시고 한마디라도 시원한 이야기를 듣고 싶어 하지요. 아무나 초대해서 대접할 그들도 아니고, 언제나 좋은 이야기를 기대하지. 내 작업이 때려 부수는 작업이니 내리 치는 수리나 해 주지. 사람은 정직해야 하고 옳게 일러 줄려니까 치는 소리 밖에 안나오고, 정신들 차려야지. 나는 교수나 박사들 데려 앉혀 놓고 포교하지요. 내게서 공부해서 나가서 제자들에게 가르치도록."
"스님께선 4차원에서 살으시고 우리는 3차원에서 이렇게 밖에 못살지요. 저도 스님처럼 공부해 보고 싶었는데 아버님 때문에 억지 판사가 되었습니다."
"그래요? 어쩐지 얘기가 통하더라 했지. 야, 시팔, 그럼 그건 아버지판사지 당신 판사가 아니잖아. 당장 버려! 버리고 나하고 공부하러 가자."
둘이서 소주 열 두병을 마셨고, 밤새 맞아 부어오른 얼굴을 하고서도 박판사님은 좋아서 싱글벙글하며 스님 옆에서 떠날 줄을 몰랐나.

　나는 21세기를 달리는 사람
　그래서 고독할 수 밖에 없지
　모든 걸 다 알아 버렸고
　다 내다보고 있지.

'21세기는 말한다'란 그의 시 뿐만이 아니라 그의 모든 시나 서화와 노래와 춤 모두가 다 자연을 사랑하고 아끼며 자연과 더불어 생활해 온 데서 나오는 자연 발생적인 현상물들이다. 그와 같은 예술품이나 인간성에 대한 아낌없는 극찬들 또한 지극히 자연스러운 평인 것이다.

"공부는 자기가 하는 거야. 자기가 찾아 얻고 자기가 크는 거지. 누가 시켜서 되는 것도 아니고 배워서 되는 것도 아니지."
거리에서 차 속에서 질문해 오는 젊은이들에게 길게 말씀을 아니하신다.

"선(善)·악(惡)·유(有)·무(無)의 분별을 말아야 해요. 선도 선으로 생각해서는 아니돼요. 지극히 자연스럽게 행해야 해요. 나는 어렸을 때 나뭇잎에 붙은 작은 벌레 암, 수컷이 교배하는 걸 보니까 아 이놈이 서고 흥분이 되더구만요. 그뿐인가, 동네 여자들 치마가 바람에 날리고 종아리만 보여도 흥분이 돼서 애먹었다구요. 초등학교 때는 옆자리에 앉은 여자아이 짝과 아무것도 모르고 장난으로 구멍 속에 콩알을 집어넣었다가 그 아이가 소변을 못 봐서 그 집안이 떠들썩한 걸 알고 미안하고 겁이 나서 다시는 여자 옆에 가지를 못했어요. 군대 가기 전까지 산속에서 공부할 때 추파를 던지는 과부들도 많았지만 순진하고 책밖에 몰랐기 때문에 여자를 가까이 할 줄을 몰랐었지요. 군대 가서 여자를 알게 되었고, 휴가만 나왔다 하면 지나는 여자들을 가만히 두지 않았어요. 온 거리의 여자들이 다 내 것인양 가슴을 만지거나 입을 맞추거나 손목을 잡아 보곤 했지요. 그것을 모두 공부로 싹 돌려 버렸고, 정작 산속에 들면 2, 3년씩 마을로 내려오질 안했어요. 그러다 내려와 보니 화폐는 개혁이 되어 있었고, 세상이 많이 변해 있더군요."

오나가나 에로담으로 사람들로 하여금 배꼽을 잡게 했던 예며, 동문서답으로 사람들을 어이없게 하는 예는 그를 아는 분들은 너무 잘 알고 있다.

중광스님은 옛이야기를 하며 가끔 웃기신다.
옛날에 장님영감과 벙어리 할머니가 살았는데 '불이야' 하는 소리에 달려 나가보고 온 할머니에게 영감이 '뉘집에 불이 났소?' 하니 말을 못하는 벙어리 할머니가 영감의 입을 꼭 맞추니 '아, 여(呂)씨 집에 불이 났구나. 그래 얼마나 탔는겨?' 하니 할머니 영감의 사타구니 물건을 만지며 잡아당기니 '응, 기둥만 남고 석가래는 다 탔구먼!' 하더라고.
"세상은 이렇게 다 살게 마련이에요."
하시며 장내를 웃기시던 중광스님에게 사람들은 스님이 모르시는 게 없다 하며 더 많은 이야기들을 듣기를 원했다.
이런 류의 에로담은 어디서 그렇게 알았는지 한번 얘기가 나왔다 하면 그칠 줄 몰라 하셨다. 여자 앞에선 더 신이 났다.

대구에서의 일이다. 여자 8명을 각각 딴 방에 두고 밤새도록 놀았는데 이튿날 돌아가려는데 주머니에는 차비 한 푼도 남아있지 않아서 혼이 난 적이 있다. 돈이 생기면 써야 속이 후련하다고, 마침 여자 생각이 나서 그렇게 해보았다고.
"돈 주고 하는 연애가 아니라도 여자들이 연애하자고 먼저 주는데요. 저 보살도 나하고 연애했어요. 젊어선 예뻤었는데 지금은 탁 퍼져서 보기 싫게 되었어요. 나더러 목장하면서 같이 살자고 했는데 연애는 해도 내가 메어서 살 사람은 아니라 그 연애도 공부로 돌린 거지요."
하시며 여러 연애담을 들려 주셨다. 젊은 간호원, 미술학도, 여승과 아주머니 보살 등등. 꼽추 처녀와의 사랑처럼 다양하기만 하다. 또한 중광스님은 도심의 거리건 농촌이건 산이건 물 위에서건 그는 그의 시처럼 살아간다.

"정직할 것, 걸림 없이 살 수 있는 건 욕심이 없기 때문이다. 소유하지 않는다 아무것도. 너도 너 갈 길을 가야지. 내 인생 내가 살고 네 인생 네가 살아라. 누가 대신 못살아 준다. 인생은 후회없이 살아야 한다. 내가 앞으로 어떻게 된다는 걸 다 알고 있지. 돈이 모이면 사회로 돌려야 할 줄도 알고, 나는 대접받고 살게 돼있다구요. 너도 보통은 넘으니 큰 소리 한번 쳐야지. 안그래요? 비서님."

어디를 가도 겁이 없었던 내 어릴 때의 필름을 회전시켜 다시 들여다보듯 자라며 속박되어져 온 내 어린시절의 이상의 세계에 다시 발을 들여놓듯 차츰 차츰 하나 하나 무언가를 깨달아 가고 있는 것 같았다.

흩어진 그림들을 잘 말리며 챙기는 일, 목록 작성들, 이런 일들엔 누구에게도 뒤지지 않을 자신이 있었지만 그림을 좋아하고 아끼는 것만으로는 부족함이 많다. 공부는 했어도 그 긴 시간에 비하면 과연 산 공부는 못한 셈이다.

고마운 사람들이 있다. 내가 저 광란하는 무애행(無碍行)에 지쳐 조그마해져서 한쪽 편에 있노라면 S출판사 K사장은, '우리 다 같이 무애도인 중광의 앞날을 위해서 노력합시다' 하는 위로의 말씀에 움추렸던 어깨가 조금은 펴지는 듯했다.

"우리 조수가 고생 많이 했어요. 나 때문에 야단도 많이 맞고 매도 많이 맞고, 그게 다 아끼니까 그러는 거지요 뭐. 진짜 공부는 이 중광이 한테 와서 배워야 해요."
"시의(詩衣)가 참고 희생해야지. 다 알지, 광란이 일어나는 걸 자신도 어쩔 수 없어 하는 걸. 스님 병환 나신 것 봐요. 저놈도 알면서 어쩌지 못하잖아요."
 조용하게 타이르시던 K시인.
"형님, 난 잘못한 것 하나도 없어요. 내가 오히려 많이 맞았다구요. 얼마나 맞았는지 아세요?"
의견충돌이란 지나 놓고 보면 언제나 내 탓이고, 내 실수였다. 결국 모든 게 나의 죄였다. 그 좋은 불법들, 옳은 소리들을 한 귀로 듣고 한 귀로 흘렸기 때문이었다. 나의 숙제는 이 고집들을 버리는 것이었다.

슬립퍼 한 켤레로 이 땅을 누비고 다니고도 모자라 저 이국땅을 누비고 다니면서 걸림없이 행동하며 환영을 받고, 가는 곳마다 열광적인 팬들을 모여들게 하던 한국의 위대한 중광스님 — '피카소가 땅속에서 중광 때문에 통곡할 것이라'고 자부하는 것은 그의 사상이 저 피카소를 앞질러 가고 있기 때문이리라.
그가 과연 21세기를 달리고 있는지 아닌지는 저 열광하는 서구인들의 빠른 발굴 정신에서 입증되는 바가 아닌가.
행동과 생활 일체가 예술이라고 했었지만 그 한마디 한마디가 그대로 법문이요, 진리 그대로였다. 너무나 평범한 속에서 너무 쉽게 드러내는 진리들을 많은 이들은 금방 알지 못하고 한 번의 때가 지나고 시간이 흐른 후에야 '아! 스님 말씀이 어쩌면 그렇게도 옳고, 좋은 말씀인지는 처음엔 몰랐습니다'했는지 모른다.

나도 그 예외는 아니어서 제때에 알지 못하고 훨씬 지난 지금에서야 스님은 나의 길을 인도하러 만나게 된 선지식이었구나 하는 걸 알게 되었다. 순간에 알아차렸어야 했는데 미련한 중생이 무얼 모르니 시간이 꽤 걸렸던 것이고, 나의 이 어리석음의 죄가 스님의 시간을 빼앗았고, 간혹 사람들로부터 스님에게 언짢은 소리까지 듣게 한 것 같아 참회하는 마음뿐이고, 모든 승속(僧俗)의 왜곡된 소리들조차 소멸되어 할 일 많고 바쁘기만한 선사상(禪思想)의 포교, 동시에 피카소보다 월등한 그의 21세기를 내다보는 철학과 예술관들이 걸림없이 펼쳐지기를 기원하여야겠다.

언제까지나 우리는 문화예술은 물론 경제, 종교까지도 역수입에 의존해야 하는지.

'도인은 내가 도인이요'하고 산속에서 큰소리치고 있지 않듯 성인(聖人)이란 번쩍이는 반석 위에 앉자만 있진 아니하다. 우리는 바른 진리의 소리에 귀를 기울일 줄 알아야 하고 참시대 참인간을 만난 삶의 보람을 찾는 일에 체념해서는 아니 되며, 또한 성실한 생활인, 그것에서 비롯되는 위대한 창조자가 되어야 할 줄 안다.

  나는 중광의 짐꾼이요
  당신의 아메리칸 운전수요
  그러나 당신의 제자인 것을
  영광으로 알고 있소.

미국 버클리대 동양학과 과장으로 있는 랭카스터 박사는 얼마나 많고 무거운 중광의 짐을 들고 싣고 운반하느라 힘이 들었는지 그는 난생 처음 그런 심부름을 했다며 훗날 고생했던 중광의 동행을 고백했다.

그의 실습 강연을 위해 직접 그를 안내하고 소개하기 위해 바쁜 시간들을 뒤로 미룬채 부부가 열심이었다.

분명히 해두고 싶은 것은 「THE MAD MONK」 책의 서문에서 처럼 그가 중광을 만나게 된 동기며 그 인간, 그의 예술세계에 미치게 된 내력처럼 그가 이런 승려, 이런 그림을 처음 대했기에, 중광의 사상이 그들에게 필요해서 예산을 들여서까지 앞을 보고 하는 일이라 했다.

사람들의 신분, 지위 따위를 분별하지 않는 중광에게 랭카스터 박사 자신도 일개 사과장수에 불과하지 않는다는 걸 느꼈고, 중광의 무계획적인 행위에 그의 짜여진 스케줄 서류를 결국엔 가방 속에 쳐넣어야 했다고 고백한 내용에서 보아도 중광에게 그는 꼽추 처녀, 학자나 다를 바가 없었다.

미국에서의 일화다.
통금 없는 새벽 2시. 비행장엔 랭카스터 부인과 딸 앤이 나란히 목에 각각 곰과 강아지 인형을 걸고 서있었다. 중광스님은 자신의 어깨에 매달려 온 Curious George 인형을 자랑스레 부추키며, '참 희한하네. 마치 약속이라도 한것같이…' 비행기에서 내리자마자 서로 좋아하며 그들은 모두가 중광의 짐꾼이 되어 그 시각부터 바빠져야만 했다.

"랭카스터는 나의 구세주요, 나의 자비로우신 어머니요, 바로 나의 부처예요. 그는 내 방과 내 그림들을 보는 순간부터 나에게 반했고, 나를 발굴해 낸 천재지요. 나는 혼이지만 그를 만나지 못했던들 오늘의 내가 있을 수 없지요. 고독에 지쳐서 몇 번이나 죽을려고 했다고요. 그는 바로 나의 은인이고 구세주이지요. 참 내가 복이 많지요."

이렇듯 중광은 랭카스터를 한마디로 극구 칭찬했다.

시간만 있으면 어린이를 보호하려는 어머니처럼 그의 뒤를 따라다니며 보살피던 랭카스터 박사가 하루는 유명한 관광지에서 장난감 모자를 사서 쓰고 무당차림이 되어 식당 앞에서 기웃거리는 그에게 두 순경이 다가가 이것저것 묻고 있는데, 랭카스터 박사가, '그는 유명한 예술가 스님'이라고 신분을 밝히니 그만 악수를 청하면서 유명한 분을 뵙게 되어 대단히 영광이라고 좋아하더란 일화는 보통이다.

'버클리 마을은 그대로 아름다운 공원이다' 하시며 맨발로 다녀도 집 안방 같다고 누더니 맨발로 온 마을을 활보하던 중광스님은 그대로 맨발의 청춘이다. 그곳은 정녕 축복의 빛이 쏟아지고 있는 동네로 보였고, 언제나 정경은 비온 뒤의 말끔하고 수려한 한 마을같이 여유가 있어 보였다.

안내인 없이도 혼자서 지하철과 버스로 거리를 돌고 돌아올 때는 희한한 인형들만 주렁주렁 매달고 오신다. 제법 살이 통통한 쥐방울 아주머니는 노스님께 드릴 선물이고, 짖궂은 신사가 볼일을 보기 위해 내려진 바지 안엔 손가락 선인장이 꽂혀 있다.

햇빛을 향해 서서 쏟아지는 비를 맞을수록 무럭무럭 자라오를 선인장, 이곳엔 색다른 어른들의 장난감도 많아서 어떤 눈치 빠른 교포는 스님이 좋아하실 거라며 그 손가락 선인장과 이미지가 비슷한 기물의 권총을 스님께 선사했다.

마음에 썩 들어 하시는 스님은 주렁주렁 매달린 인형들의 반대편 어깨에 권총을 매달았다. 일찍이 그 권총을 만났더라면 흑인거리에서 거금 40달러는 털리지 않았을 텐데.

버클리에 쏟아지는 햇살과는 달리 샌프란시스코의 도심 한구석엔 빛을 잃고 사는 무리들이 많다. 마치 극락과 지옥처럼.

중광을 만나기 전부터 그의 화집의 그림과 기행담에 미치고 있었던 J. Novick. 그는 zen 계통의 종교인이면서 그림과 공예품에 일가견을 가지고 있는 수준 높은 사람이었다. 그는 그의 그림을 위해 열심히 정열을 기울이겠다며 중광과의 계약을 독촉해 왔다. 앞을 내다보는 자신감이 대단했고, 중광을 만나고서부터 그는 아주 미쳐서 혼이 나간 사람처럼 가끔 중요한 가방을 빠뜨리고 다니거나 굽어 갈 길도 곧장 달리는 등 옆사람까지 아찔아찔하게 했다.

"중광, 당신의 그림은 아주 strong하고 아주 아주 Fantagic해요."

주먹을 쥐고 부르르 떨며 온 폼에 힘을 주며 외쳤다.

잡지「Laughing Man」의 기자들은 벌써 중광의 사진과 그림을 실은 기사를 가지고 와서 육성 질의, 응답들을 녹음해 갔다. 그들은 모두가 Da Free Jhon의 제자들이면서「THE MAD MONK」, 이 새로운 출현에 기대를 걸고 있다.

중광스님은 그림 계약에 관한 주위의 충고에,

 "모르면 가만이나 있어요. 아무나 이렇게 되는 게 아니예요. 이만해도 큰 성과예요. 다 실력이 있어서 내게 미치는 거고, 그림을 알아만 줘도 좋은데, 나는 남들 10년 걸려 할 일을 한 셈이예요. 걱정해 주는 건 좋지만 사람은 믿어야 해요. 다 좋은 사람들인지 나 알아요. 남들은 제돈 들여가면서 전시회며 화집을 만드는데 나 같은 거렁뱅이에게 오히려 자기들 돈까지 들여가면서 화집 발간이며 출판기념회와 전시회까지 열어 주고 또 계약까지 했어요. 이것만으로도 나는 감사하고 있어요. 사람은 너무 욕심을 부리면 안돼요. 누굴 의심해서도 안되고, 속이면 속이는 사람만 나쁜 거고 나쁜 짓하면 그 사람만 나쁜 거예요. 나하곤 상관이 없어요." 라고 하신다.

Novick 화상과 증인들과 함께 은행을 다녀 온 중광은 '나는 세상에 태어나 처음으로 은행에 가 보았고, 예금통장도 다 만져 보았네요. 아따! 시팔 미국에서 난생 처음으로 은행엘 다 가보고…'하고 흥분하고 있었다.

이 같은 소리에 처음부터 미쳐서 들떠 있던 Novick은 자기는 제 정신이 아니라 하며,

 Mad Monk!

 Mad Agent!

 Mad Woman!

 '모두 모두 미쳤어요!' 라고 외치면서 자신을 믿어 주는 중광에

게, '당신은 Good man이요, Too good man!'이라고 했다.
어찌된 일인지 만나는 이들 모두가 그「THE MAD MONK」책을 보고 미쳐서 그를 몹시 만나고 싶어 했다는 것이다.
알마취 기자도 예외는 아니어서 그 화집을 보고 자기와 친분이 깊은 교포 화가에게 달려가 이 화집을 아느냐고 물어 왔다는 것이다. 아직 모르고 있던 교포 화가와 함께 그 화집의 그림들을 보며 만나고 싶은 사람이라며 중광에 대해 서로 얘기들을 하곤 했었다고 했다.
이 알마취 기자 역시 무척 재미있는 사람이어서(콜롬보 반장 역의 배우와 비슷하나 좀 더 잘 생겼음) 서슴없는 질문들을 솔직히 물어오며 자기도 자기가 하고 싶은대로 하다가 결국엔 첫 부인으로부터 이혼당했다며 그 자신의 얘기를 하면서 중광과 같이 생활하고 싶다고 했다.
중광을 만나는 이들은 거의가 다 자기네 집에서 그림 그리며 함께 살자고 했다. 웬만해선 자기 집에 초청조차 하기 꺼리는 이들이….
어째서 만나는 이들마다 미쳐 돌아가는가? 목마른 이들이 애타게 기다리던 비라도 만나듯 환성을 질러 가며 그를 환영하는 건 바로 그 정신세계를 환영하는 것이다.
중광의 차림새, 그의 시, 언어, 행동, 그림 — 그 모두가 하나님과 같은 존재로 정신적 구세주로 보였던 것이다. 잡을 수 없는 이 세계, 흠잡을 수 없는 일사천리의 선, 치솟는 힘, 처음 보는 이들을 모두가 꽉꽉 눌러 꼼짝 못하게 하는, 그러면서도 자신은 까딱도 아니하는, 이 낯설고 물 설은 대국이란 환경에 구애받음이 없이

여전히 사람들을 울리고 웃기는 미친중 — 얼마나 열광적으로 미쳤으면 그들은 밤을 꼬박꼬박 지새워 가면서 그의 입체 강연에서 떠날줄을 몰라 했고 바쁜 일들을 제쳐 놓고 자동차로 비행기로 모셔 다니며 열을 쏟았겠는가. 점잖은 한국인들의 환영과는 대조적으로.

'저들은 역시 탁 트인 생활인들, 그들 자신이 도인들이라 내 말을 금방 알아듣는구나. 정직하지 않으면 못살게 되어 있는 사회라 사람은 정직하고 봐야 한다. 표현이 벌써 솔직하고 구김살이 없으니 바로 극락이구나.'

교포 시위원장 부부의 저녁 초대에는 알마취 기자 식구와 신문사 편집장 부부, 그리고 중광이 참석했다. 그들은 스님의 American Pen Name이 'Action Fucking' 이란 데서부터 시작하여 시종 신나게 웃으며 이야길 계속하고 있는데, 저쪽 한편에서 듣고 있던 한 사람이 인상을 쓰며 다가 와 '나는 텍사스에서 왔는데 당신들 너무 심한 이야기를 하고, 조용한 데서 이야기하거나 여기서 나가 주시오. 안 그러면 고발하겠소' 하며 시비를 걸어 왔건만 아무도 개의치 않고 얘기를 계속했다. 나가건 말건, 얘기하건 말건 그건 그 사람이 참견할 권리가 없다는 것이다.

"이분은 유명한 화가 피카소보다 나은 한국인 선화승(禪畵僧) 중광이요. 우리끼리 얘기에 당신이 이래라 저래라 할 권리는 없소." 중국인 주인이 그에게로 다가가서, '그래요, 맞아요. 당신에겐 그럴 권리가 없소. 권리는 주인에게 있소. 듣기 싫거든 당신이 나가 주시오'하니 그는 나가 버렸다. 얘기는 계속되었고, 그들은 중광에게 융숭한 대접을 했다.

밖으로 나온 알마취 기자. 그는 그의 얼굴처럼 말처럼 짖궂게 받치고 있는 천막기둥을 다람쥐같이 가볍게 기어오르며 신이나 했다. 한국이란 나라에 이런 인물이 있다니. 유명한 인물을 대하게 되면 한결같이 한국을 동경해 보게 되고, 한국을 좋아하지만 우리네의 국민 수준은 언제 높아져서 빠른 눈으로 저 같은 이들을 빨리 빨리 발굴해 낼 수 있을런지…
그는 많은 인터뷰 요청을 다른 핑계로 거절하고 몇 군데만 하기로 했다.

"이 그림 제목이 무엇이냐구요? 제목은 바로 스탠포드 유니버시티요."
"….?"
의아해 하는 표정들에게 '굳이 설명, 이해할려고 들지 말고 척 깨달아 버려야 해요.'
그 철저한 이론을 바탕으로 캐고 캐는 그네들의 사고방식이나 관념들이 이 한마디에 입을 열지 못하고 참으로 기가 찬 답변이란 듯 얼굴이 상기되던 학생들의 표정들.
"이것이 바로 선(禪)이요."
이론으로야 동양사상이 어떤 것인지 알고는 있었겠지만 실제 입체적 강연을 해 얻은 수확을 크나 큰 것이라며 감격해 하던 교수들 — 이것이 바로 zen? 고개를 갸우뚱거리다 꺼덕꺼덕하다 붓가는 대로 시선들이 몰린다. 그대로 그들은 동양의 신비를 체험하고 있는 것이다.

통역조차 필요없는 그의 열띤 강연에 심취된 젊은이들은 감격하여 감탄사를 연발하는가 하면 눈물을 흘리며 면회를 요청하는 이들 — 따라 흉내를 내며 주먹을 쥐었다 눈을 감았다 하며 그의 시를 읊는 이들.

그들은 강연이 끝나자 달려와,

"중광, 이 책「THE MAD MONK」는 바로 우리들의 바이블입니다."

"응? 시팔, 환장하겠네. 어쩌면 이놈들은 이렇게 빨리 알아 먹노. 내가 미치겠구먼. 모두가 도인들이라니까. 야! 이놈들은 모두 날 닮았네. 그래 다 내 제자해라. 내 제자 될 자격이 있다."

서로 부둥켜안고 좋아서 볼을 부비며 치고 박고 구른다. 너무 좋으면 때리며 욕하는 그의 행위는 언제 어디서나 마찬가지였다.

'중광, 당신은 비행장에 내리는 순간부터 제자들이 줄줄 따를 꺼요'라고 했던 랭카스터 박사의 예언은 적중하는 것 같았다.

3인의 미국 수도승, '마이클' '클라우스' '죠나단' — 강연이 시작되기 전에 만난 3인의 수도승들이다. 각기 미국과 독일인인 젊고 열성적인 그들은 중광은 만나는 순간부터 형제가 되었다.

반세기의 역사를 지닌 사원 Zen center 군데 군데에서 붐이 일고 있는 이 선원과 수도승들 — 그들의 체제나 조직은 너무나도 이상적으로 잘되어 있었다. 그만큼 수준 높은 젊은이들이 모인 구성원들은 정규학과를 마쳤거나 그만한 수준이 있거나 사회활동도 했거나 하고 있는 박식한 이들이었고, 한 가족이 뚝 떨어져 각기 자기들의 일들을 하고 있는 모습도 보았다.

 농장·공장·상점들, 공부하는 시간 외엔 일을 하거나 산속에 들어가 얼마간씩 외출하지 않고 공부하는 자유스러운 가운데 제 갈 길을 열심히 찾아가는 그들의 정신세계를 보니, 우리 좁은 땅 안에서 종파만이 수두룩한 불교가 부끄럽고 한심스럽게 느껴지기만 했다. 어디로 가야 할지 방향조차 모르는채 구태의연함에서 벗어나기를 꺼려하는 기복신앙(祈福信仰), 시대에 뒤쳐진 현대 불교의 내용들을 거듭 거듭 생각해 보았다.

밝고 따스한 태양이 가득히 비추이는 Zen center의 농장, 조용하고 건실한 수도인들. 차라리 그들은 이념을 같이 하는 모든 것을 초월한 생활인들 같이 순수해 보였다. 이야기에 걸림이 없고, 단합이 잘되는 협동심. 우리도 하면 안될까? 짧은 역사로도 어느 나라보다 앞서 가는 두뇌와 실천이 있음을 보았다. 먼저 출발하였다고 반드시 먼저 도착하란 법은 없으니까.

중광 Monk는 이 땅이 그를 채 알기도 전에 세계에서 그를 찾아오는 것은 그만한 실력이 있고 실천이 있었기 때문이다.

일류 화랑에서 선보인 전시회는 커다란 신문기사 내용처럼 훌륭했다. 그 신문 기사를 본 교포 화가는 일찍이 이처럼 크게 실린 기사가 없었다며 백만불짜리라고 했다.

전시회장에서의 자작시 낭송은 말끔하게 차린 신사, 숙녀 여러분들의 자세를 편안하게 함과 동시에 미리 알고 온 이들에게 둘러쌓여 인사받기에 바빴다.

유명한 미술관 관장을 비롯해서 의회 위원장, 각 매스컴 기자들,

화상과 예술인, 예술 애호가들, 각계 각층의 인사들, 그는 특히 아가씨들의 거듭되는 인사에 좋아서 어쩔 줄 몰라 했다. 남자들은 남자들대로 반해서 깡충깡충 뛰었고, 여자들은 여자들대로 좋아서 눈물을 흘리며 스님을 뵙게 된 것은 자신들의 행운이라고 감격해 했다. 그들은 오랫동안 그의 옆을 떠날 줄 몰라 했다.
8년을 인도를 비롯해 각지로 돌아다니며 공부했다는 가슴이 커다란 여자는 스님의 행위 일체를 필름에 담아 영화로 만들어 보고 싶다고 제의해 왔다.
도예가 Tony의 부인 Vicky는 '중광, 당신의 작품은 바로 Novel price감이에요'하며 아주 훌륭하다고 했다. 그 공장의 도예가들은 Mad Monk의 열띤 강의에 도취되어 밤을 새워 가며 함께 미쳤던 이들이다.
중광 Monk의 Sign 한장으로 Tony의 응접실 가장 중요한 곳에 붙여져 있던 일본인의 묵선, Tony가 가장 아꼈다는 바로 그 그림은 그날로 당장 떼어져 저리 비켜나고 말았지 아니했나. 그리고 그들은 중광에게 '아메리칸 펜네임'을 선사한 장본인들이기도 하다. 그들은 자동차로 얼마를 달려서라도 중국 요리나 멕시칸 요리로 그를 대접했고, 언제나 대화가 통한다고 스님은 '저런 이들만 살면 세상은 좋은 세상이지' 하시며 흐뭇해 하던 일이 기억난다.

어느 날 만찬석상에서 중광이 Tony의 부인 Vicky에게 연애해도 좋으냐고 물으니 Vicky는 조금은 해도 되지만 많이는 안된다고 하여 중광이 그녀의 가슴을 만지니 Vicky가 소리치며 그의 손등을 쳤다.

'Oh. Bad Had! But Good Man!'라고 하자, 그러자 중광이 제 손을 때리며, 'Bad Hand! But I am Good Man!'이라고 능청을 떨자 실내는 웃음바다가 되었다. 그처럼 여유 있던 그들의 우정을 중광은 잊을 수 없다고 했다.

교포회장 W사장이 영사관측으로부터 연락을 받고 중광스님을 위한 전시회장 마련을 위해 중광스님을 만나고 돌아가 D보살에게, '아무래도 이번 스님은 여느 스님들과는 다른 분 같던데, 전시회장 이야기를 하니 재수없는 소리말라며 자신이 그런 대접받으러 온 것이 아니고 화집 출판기념회, 전시며 강연하러 온 것이라며 화를 내시며 거절하시더라' 하니, 그곳을 다녀가는 스님들에게 줄곧 시봉해 온 D보살도 귀가 번쩍 띄더라며 그들이 함께 달려 왔다. 달려 온 D보살과 W사장, 그들은 밤을 세워가며 질문하고 스님의 힌미디 한마디에 많은 스님들이 그곳을 다녀갔지만 중광스님 같은 분은 없었고, 그들의 답답하던 가슴이 후련해졌다며 오랫동안 정성스레 스님을 모셨다.

"D보살도 보통은 넘으시군요. 얘기가 되니까 이러고 있지. 얘기가 안 되면 벌써 쫓았거나 내가 피했을 꺼요."

과연 그녀는 툭 트인 여성이요, 보살이었다. 바쁘고 오랜 교포생활들을 그녀는 공부로 돌렸고, 경전이나 교양지들을 틈틈이 주문하여 읽으며 공부하는 자세가 그녀를 가깝게 느끼게 했다.

어느 날 한국 신문의 특파원 기자가 인터뷰를 하러 왔다가 중광스님에게 국내 기사들에 대해 질문을 했다. 그러자 중광은 30여분을 말없이 통곡하며 울었다. 주위에 있는 모든 사람들은 어리둥절할 수밖에 없었다.

국내에선 동전 한 푼으로 쫓겨나거나 수상한 사람으로 신고 당하기 일쑤였던 그가 이국에선 가는 곳마다 환영을 받으며 친절한 국민들을 보고 '역시 복 받는 민족이구나. 정직함이 사회 밑바탕이 되어 있어서인가? 무엇이 이들을 복 받는 민족으로 만드는가?' 감탄을 하기도 했다.

대 역사의 잔존 로마를 찾았다. 장엄하기 만한 폐허 위에 선 모습에서 각국에서 몰려 든 관광객들은 제왕의 출현이라도 만나듯 열광적이었다. 누더기를 걸쳤건만 검은 털모자에 달린 달랑이는 조롱박의 모습에서 그네들은 옛날의 왕관을 보는 듯 진귀해 하며 'King'이라 외쳤다. 과연 그는 저 숱한 역사 속에서 망명해 와 있는 왕과도 같아 보였다.

"어느 나라에서 왔소?"

"코리아 서울이지."

"아, 코리아, 음 원더풀, 의상이 아주 멋져요."

인사하며 지나는 이들에게 손을 흔들고, 함께 사진 찍기를 원하는 그들의 모델이 되어 주기에 바빴다.

"당신 예술가요?"

"네, 나는 Mad Monk예요. 이건 내 책이예요. 이 사진은 나고 바로 이 책의 주인공이예요. 이건 내 그림과 시들이고."

책을 들여다보며,

"음? Mad Monk예요. 오 원더풀! I'm a Mop....아 하하하."

우루루 몰려든 관광객들은 책과 중광을 번갈아 보며 악수를 청하고 좋아들 했고, 관광을 온 그들은 관광지의 폐허들보다 제왕의 현존과도 같은 Mad Monk에게 더 관심이 많은 듯 그를 기억하고자 했다. 그의 책 「THE MAD MONK」란 바이블과 함께 그는 21세기의 우상이 된 듯 보였다.

C박물관장의 말대로 5천년 역사가 있었기 때문에 그와 같은 그림과 인물이 나왔고, 한국은행 돈 뿐만 아니라 이제는 세계은행 돈이 다 중광의 것이 되나 보다. 텅빈 주머니를 하고도, '형님! 걱정 없어요. 한국은행 돈이 모두 다 내것인데요' 하며 치던 큰소리가 외국은행 돈까지 삼키게 되었다.

짝다른 양말과 이 땅을 돌고 돌던 슬립퍼와 누더기 한 벌로 노래하며 춤추며 지구 위를 달리던 중광. 그가 달렸는지, 지구가 돌며 열광의 환성을 보냈는지, 그가 간 것이 아니라 그들이 찾아온 것일 게다. 그는 그의 시에서처럼 등허리에 걸쳐 업었던 우주를 내려놓고 한 손으로 주무르고 있는 것이 분명하다.

걸레 정신으로 세상 밖의 세상에서 살고 살아가는 중광 —나는 저 먼 지구 밖의 별나라에서 내려 온 어린왕자를 실제로 만났고, 고독한 그로부터 내 갑갑하던 가슴을 풀어 준 많은 이야기들이며 걸림없는 천진난만한 행동들을 보게 된 것이다.

이제 헤어질 약속의 시간이 다가옴에 그 '어린왕자' 중광은 내 위치를 찾고 있던 나에게 자신이 자라 온 저 고독의 별을 가리키며 그곳으로 돌아가 아름답고 풍요로운 도시를 이룩하라고 일러 주었다.

그 자신은 그의 등허리에서 내려놓은 우주를 헤치며 사상과 종교, 철학, 선악의 위선과 둔갑의 옷들을 몽땅 불질러버리고 새로운 씨앗을 뿌려야 한다고 했다.

21세기 참시대의 씨앗을 ― .

* 미친 중! 동양의 피카소! 21세기 최대의 奇人이며 狂人! 불교 종단에서 온갖 기행과 도첨으로 승적을 박탈당해 쫓겨나고, 사회에서는 퇴폐풍조자라고 낙인찍히고 반은 미친 듯, 반은 성한 듯 참으로 고독하게 살아가던 걸레스님 중광은 2002년 3월 9일 경기도 곤지암 토굴에서 한 많던 생을 마감했다.

(67세, 법랍 41세)

(end)

세계적인 심령연구가들이 체험한 사후의 세계! 그 베일을 벗긴다!

전20권

영혼과 4차원세계
심령과학시리즈

★ 전국 유명서점 공급중

- 1권 심령과학
- 2권 영혼과 4차원세계
- 3권 악령의 세계 ⓐ
- 4권 악령의 세계 ⓑ
- 5권 사후의 생명
- 6권 유체이탈
- 7권 저승에서 온 아내의 편지
- 8권 악령을 쫓는 비법
- 9권 육감의 세계 ⓐ
- 10권 육감의 세계 ⓑ
- 11권 기적과 예언
- 12권 나는 영계를 보고 왔다
- 13권 사자(死者)는 살아있다
- 14권 심령진단
- 15권 심령치료
- 16권 전생요법
- 17권 자살자가 본 사후세계
- 18권 윤회체험
- 19권 저승을 다녀온 사람들
- 20권 경이의 심령수

이 책을 펼치는 순간 당신의 운명이 바뀐다!!

세계적인 심령능력가 안동민 / 저

업장소멸 (전6권)

전생과 이승에서의 업장을 어떻게 풀 것인가?
이런 사람들은 지금 운명을 바꿔라

왜 돈 많은 집에서 태어나는 사람도 있는데, 그렇게 노력해도 가난에서 헤어나지 못하는가?

왜 평생 병이라는 것을 모르는 사람이 있는데 왜 나는 온갖 병을 짊어지고 살아야 하는가?

왜 세상에는 성공하는 사람, 실패하는 사람이 따로 있는가?

왜 남들은 결혼하여 행복을 누리는데 왜 나는 출산을 못하는가?

왜 남들은 일류대학이나 직장을 가는데 왜 나는 낙방만 하는가?

➡ 이 책은 당신은 누구인가? 또 사후에는 무엇으로 환생할 것인가에 대한 끝없는 의문을 명쾌하게 풀어준다.

➡ 최초로 공개되는 저승에서 보내온 S그룹 회장님의 메시지!

➡ 심령학자가 본 화성연쇄살인사건과 미국판 화성연쇄살인사건의 진상과 그 범인은 누구인가?

사업을 성공시키는 비법, 라이벌이나 원수를 주술로서 제거시키는 비법공개!

★ **전국 유명서점 공급중**

제1권 심령문답편
제2권 업장소멸편
제3권 악령의 세계편
제4권 원혼의 세계편
제5권 비전의 주술편
제6권 업장완결편

세계적인 초능력·영능력자들이 집필한 초·영능력개발 비법!

초능력과 영능력개발법

전3권

모토야마 히로시/와타나베/루스베르티/ 저

초능력과 영능력은
특별한 사람에게만 주어지는것은 아니다.
영능력의 존재를 알고 익하면
당신도 초능력자가 될 수 있다.

영혼과 전생이야기

전3권

안동민 / 편저

인간은 죽으면 어떻게 되는가?
전생을 볼 수 있는 원리는 무엇인가?
당신의 전생은 누구인가?
사후에는 무엇으로 환생할 것인가?

★ 전국 유명서점 공급중

대한민국은 고스톱공화국인가?

이호광 / 저
(고스톱 9단/박사)

고스톱에는 형님 먼저 아우 먼저가 없다.
오로지 1등만이 있을 뿐이다. 이 책속에 있는 잃지 않는
고스톱 50계명만 명심하면 당신도 타짜가 될수 있다.

값 7000원

★ 전국유명서점/ 인터넷서점 교보/예스이십사/알라딘/인터파크에서 공급중

허튼소리 2

초 판 | 1985년 6월 25일
개정판 | 2012년 1월 30일

지은이 | 重 光
기획인 | 이광희
발행인 | 이관희
발행처 | 서음미디어
등 록 | 제7-0851호
주 소 | 서울시 동대문구 신설동 94-60

표지일러스트 | Juya기획
편집 | 은종기획

Tel | 02) 2253-5292
Fax | 02) 2253-5295

www.seoeumbook.com

ISBN 978-89-91896-94-9(세트)
ISBN 978-89-91896-96-3

이 책은 저작권법에 의해 보호를 받으므로
무단복제, 전제를 금합니다.
□ seoeum